影响中国

全国优秀纺织企业家风采

2016—2020

中国纺织工业企业管理协会 ◎ 编著

中国纺织出版社有限公司

内 容 提 要

纺织强国建设离不开广大纺织企业和企业家，为弘扬企业家精神，充分展现企业家在推动纺织行业加快科技、时尚、绿色发展进程中的重要作用，本书汇集了40位在我国经济社会发展中做出突出贡献的纺织企业家的动人事迹，抒写行业担当，体现爱国情怀。他们是中国纺织企业家弘扬时代精神、践行社会责任的代表，展现了新时代优秀纺织企业家的精神风貌。

本书的出版可以让社会各界更多地了解纺织企业家及企业家精神，带动更多企业家在建设新时代纺织强国的伟业中发挥更大作用。

图书在版编目（CIP）数据

影响中国：全国优秀纺织企业家风采：2016—2020 / 中国纺织工业企业管理协会编著 . —— 北京：中国纺织出版社有限公司，2021.10

ISBN 978-7-5180-8900-0

Ⅰ. ①影… Ⅱ. ①中… Ⅲ. ①纺织工业 — 企业家 — 生平事迹 — 中国 Ⅳ. ①K825.38

中国版本图书馆 CIP 数据核字（2021）第 188962 号

责任编辑：孔会云　　责任校对：王蕙莹　　责任印制：何　建

中国纺织出版社有限公司出版发行

地址：北京市朝阳区百子湾东里 A407 号楼　邮政编码：100124

销售电话：010 — 67004422　传真：010 — 87155801

http://www.c-textilep.com

中国纺织出版社天猫旗舰店

官方微博 http://weibo.com/2119887771

天津千鹤文化传播有限公司印刷　各地新华书店经销

2021 年 10 月第 1 版第 1 次印刷

开本：710×1000　1/16　印张：17.5

字数：200 千字　定价：200.00 元

京朝工商广字第 8172 号

编委会

2020

向优秀企业家致敬（代序）

这是一本有分量的书，其分量不在于字数和重量，而在于容纳着千言万语难以尽述的企业家精神。

作为中国经济社会发展的支柱产业和民生产业，纺织工业搭上改革开放的快车，实现了飞速发展，推动我国成为全球最大的纺织服装生产国、消费国和出口国，并在第一个百年目标实现之际，基本实现建设纺织强国的目标。中国纺织工业之所以能够取得今天这样的辉煌成就，是因为有大规模高素质的人才队伍作为根本依靠。一代代纺织人在艰苦卓绝的探索、拼搏、创造过程中，以卓越的智慧、无尽的力量和爱国敬业的精神战胜了无数困难和挑战，推动纺织产业不断迈上新台阶。成千上万的纺织企业家为行业发展不懈努力，其中的优秀企业家更是做出了无可替代的重大贡献。宣传优秀企业家的事迹、弘扬纺织企业家精神是中国纺织工业企业管理协会的责任，也是纺织行业健康可持续发展的必然要求。

企业家精神是中国纺织工业由大到强的动力源泉。中华人民共和国成立以来，特别是改革开放后，纺织行业涌现出许多优秀的企业经营管理者、企业家，既有来自国有、集体等公有制企业的，又有来自民营、股份制等多种所有制成分企业的；既有经营管理经验丰富的"老战士"，又有富于变革精神的"生力军"。随着市场环境的不断变化，企业家的思维和观念也不断更新，在不同发展阶段呈现出不同的时代特质，但是，追求卓越、不懈探索、勇于担当、乐于奉献的企业家精神一脉相传，代代赓续。

改革开放之后，广大纺织企业家紧抓机遇，大力弘扬老一辈纺织人的优良传统和精神风貌，带领广大职工不怕困难、奋发图强、艰苦奋斗，努力增产，一举改变了纺织品凭票供应、人民群众缺衣少穿的生活状况。20世纪80年代，闻名全行业的西北国棉五厂厂长应治邦、北京长城风雨衣公司经理王锡贵、浙江临平绸厂厂长高春花、上海第二毛纺织厂厂长万德明、鞍山化纤毛纺织总厂厂长王忠懿等一批老厂长都是这一时期历练出来的优秀代表。

随着改革开放进程的加快，我国经济发展不断迈上新台阶，人民群众生活水平也不断提高，对美好生活的期待也被不断赋予新的内容，对服饰美、衣着美的追求也越来越丰富。同时，由于企业改革、所有制结构变化、现代企业制度建设、跨国资源配置对纺织企业发展提出了新的要求，急需具有全球化视野、社会责任感强、管理经验丰富的领军人才队伍。20世纪90年代，中国纺机股份有限公司董事长黄关从、吉林化纤股份有限公司董事长傅万才、哈尔滨亚麻厂厂长刘书论、浙江中汇集团股份有限公司董事长应士歌、内蒙古鹿王羊绒集团公司董事长高丰、浙江万事利集团公司董事长沈爱琴、安徽华茂集团有限公司董事长华冠雄等，都是这一时期涌现出来的优秀企业家代表。

进入21世纪，中国纺织行业全面融入世界经济全球化大潮，产业发展环境进入充分市场化阶段，竞争更加激烈，面临的挑战更加严峻，同时，发展的机遇也更多，空间更广阔。纺织企业家主动抢抓机遇、勇敢迎接挑战，不断推动产业科技创新，广泛应用新型纤维材料、新装备、新工艺，走创新发展之路；努力提升品牌，提高产品品质，扩大品牌影响力，走品牌化发展之路；不断开拓国际市场，开展高水平的国际合作，赢得国内外消费者的信赖和认可，走国际化发展之路；坚持不懈推进企业信息化，提升管理水平，走数字化、网络化、智能化发展之路；高度重视环保低碳、节能减排，走绿色可持续发展之路；注重人才，依靠人才，培育人才，建设高素质的人才队伍，加快纺织产业高质量发展的步伐。鲁泰纺织股份有限公司董事长刘子斌、魏桥纺织股份有限公司董事长张红霞、达利丝绸（浙江）有限公司董事长林平、广州市红棉国际时装城总经理卜晓强、上海纺织（集团）有限公司总裁朱勇、无锡一棉纺织集团有限公司董事长周晔珺、鄂尔多斯资源股份有限公司董事长王臻、石家庄常山北明科技股份有限公司董事长肖荣智、桐昆集团股份有限公司董事长陈士良、江苏东渡纺织集团董事长徐卫民、连云港鹰游纺机集团有限公司董事长张国良、大杨集团有限责任公司总经理胡冬梅、滨州东方地毯有限公司董事长韩洪亮等企业家是其中的优秀代表。

新冠肺炎疫情发生后，广大纺织企业积极行动，投身抗击疫情的人民战争，为疫情防控提供了有力的物质支撑。在这背后，企业家们扮演着重要角色，企业家精神成为他们带领企业战胜困难、取得成功的力量源泉。

以上种种，在时代的笔触下成为特色鲜明的群像，在这部书中呈现为40位优秀企业家代表的动人事迹。从中，我们实实在在地感受到他们身上创新、实干、坚韧、卓越和担当的特质，领悟到他们的情怀和追求。企业家是企业发展的灵魂和旗帜，企业的财富、企业家的精神能不能传承好，不仅事关企业的基业长青，也事关企业家队伍的代际传承和行业的高质量发展。作为国民经济与社会发展的支柱产业、解决民生与美化生活的基础产业、国际合作与融合发展的优势产业，"十四五"时期，我国纺织行业在基本实现纺织强国目标的基础上，要进一步推进行业"科技、时尚、绿色"高质量发展，建成现代化纺织经济体系。新时代需要广大纺织企业家更加创造性地发扬企业家精神，不断提高企业的活力和创造力。

今年正值中国共产党成立100周年，是"十四五"开局之年，也是中国纺织工业企业管理协会成立的第40个年头。为纺织企业和企业家服务是协会的主要工作，我们一方面希望通过编辑出版这本书向纺织企业家致敬，另一方面希望让社会各界更加了解纺织行业和纺织企业家，营造尊重企业家、爱护企业家、弘扬企业家精神的良好氛围，带动更多企业家在建设新时代纺织强国的伟业中发挥更大作用。

2021年8月23日

前　言

　　纺织强国建设离不开广大纺织企业，企业的百年常青离不开企业家精神。为弘扬企业家精神，鼓励和表彰在我国经济社会发展中做出突出贡献的纺织企业家，促进企业家队伍健康成长，充分发挥企业家在推动行业科技、时尚、绿色发展进程中的重要作用，中国纺织工业联合会自2016年起恢复开展全国优秀纺织企业家、全国优秀纺织女企业家和全国优秀纺织青年企业家（以下统称"全国优秀纺织企业家"）推选工作。五年来，已有169位企业家获此殊荣。他们是在我国纺织行业发展的不同阶段、不同领域涌现出的优秀代表，充分展现出广大纺织企业家诚信守法、勇于创新、精益求精、敢于担当、开拓进取的精神风貌。

　　全国优秀纺织企业家推选工作一经启动，便得到全行业的广泛关注。参评企业家基本覆盖棉纺、毛纺、麻纺、丝绸、化纤、家纺、印染、服装、产业用和专业市场等各行业、各领域。历年的申报材料充分展现了纺织企业家的创新能力和经营管理能力，特别是2020年的申报材料呈现出一大突出特点——面对非常之难，企业家们充分发挥锐意进取、永不言败的精神，迎难而上、化危为机，积极投身抗疫工作，充分表现出行业担当和爱国情怀，是中国纺织企业家弘扬时代精神、践行社会责任的代表，体现了新时代优秀纺织企业家的精神风貌。

企业家是企业的灵魂。习近平总书记多次强调要弘扬企业家精神，提出企业家要带领企业战胜当前的困难，走向更辉煌的未来。改革开放以来，广大纺织企业家对行业发展的贡献举足轻重，有的将国有企业锻造成为国民经济的重要支柱，有的推动企业成为地方经济"明星"……记录下他们的事迹，能够从一个侧面生动地展示我国纺织行业由大到强的发展历程。

为此，我们从五年来被推选出的全国优秀纺织企业家中甄选了40位，邀请他们在书中分享自己的创业经历、管理理念和人生感悟。这些入册的企业家代表着我国纺织行业各领域的先进水平，在科技创新、稳定就业、产业扶贫、抗击疫情、绿色发展等重要工作中贡献了"纺织方案"和"纺织力量"。他们带领着企业不断攀登新高峰，共同铸就纺织强国的坚实脊梁，谱写了我国纺织行业飞速发展的壮丽诗篇。

"风好正是扬帆时，不待扬鞭自奋蹄。""十四五"充满机遇和挑战，如何抓住机遇、迎接挑战，是摆在全行业和每位企业家面前的新课题。在"十四五"开局之年，总结和推广"十三五"期间的优秀纺织企业家事迹，旨在营造尊重和激励企业家干事创业的社会氛围，带动更多企业家以更大的勇气和智慧投身于企业发展。当新一代企业家茁壮成长的时候，中国纺织行业一定能够不断创造新成就，在时代东风中续写新的华彩篇章。

本书编委会

2021年9月

目　录

QIYEJIA

全国优秀纺织企业家

（2016 — 2020）

2016年全国优秀纺织企业家颁奖典礼

中国纺织工业联合会文件

中纺联函〔2016〕92 号

关于授予刘子斌等 10 位同志 2016 年全国优秀纺织企业家称号的决定

企业家是企业发展的核心，企业家精神是社会发展与进步的动力源泉。在我国建设纺织强国的重要过程中，为了进一步营造企业家成长的良好环境，扩大优秀企业家队伍的规模，弘扬企业家精神对行业对时代的推动作用。中国纺织工业联合会于 2016 年首次开展了"全国优秀纺织企业家"评选活动。根据"2016 年全国优秀纺织企业家"评选办法，经"2016 年全国优秀纺织企业家"评审委员会评审、审定，中国纺织工业联合会决定授予刘子斌等 10 位同志 2016 年全国优秀纺织企业家称号。

"2016 年全国优秀纺织企业家"评选是进一步提升企业家话语权，推动行业企业加快转型升级的重要手段之一。希望获奖企业

—1—

家们进一步发扬开拓、创新的企业家精神，引领行业广大企业家共同为建设纺织强国做出更大贡献。

附件：1. "2016 年全国优秀纺织企业家"名单
  2. "2016 年全国优秀纺织企业家"评选入围企业家名单

中国纺织工业联合会办公室   2016 年 12 月 9 日印发

—2—

附件 1

"2016 年全国优秀纺织企业家"名单

（排名依据姓氏笔画）

刘子斌	鲁泰纺织股份有限公司董事长
孙卫墨	山东如意集团副董事长
张红霞	魏桥纺织股份有限公司董事长
张江平	太平鸟集团有限公司董事长
苏建军	德州恒丰集团理事长
宋德武	吉林化纤有限责任公司董事长
林 平	达利丝绸（浙江）有限公司董事长
查小刚	江苏联宏纺织有限公司董事长
唐金奎	盛虹集团有限公司总经理
屠红燕	万事利集团有限公司董事长

—3—

附件 2

"2016 年全国优秀纺织企业家"评选入围企业家名单

（排名依据姓氏笔画）

王春华	江苏华佳控股集团有限公司董事长
刘子斌	鲁泰纺织股份有限公司董事长
孙卫墨	山东如意集团副董事长
孙德荣	徐州斯尔克纤维科技股份有限公司董事长
庄奎龙	新凤鸣集团股份有限公司董事长
张红霞	魏桥纺织股份有限公司董事长
张江平	太平鸟集团有限公司董事长
沈建宏	江苏南通大生集团有限公司董事长
杜国强	宁波大发化纤有限公司总经理
邱祥坤	石狮市祥华集团有限公司董事长
苏建军	德州恒丰集团理事长
宋德武	吉林化纤集团有限责任公司董事长
金永良	江苏金龙科技股份有限公司董事长
林 平	达利丝绸（浙江）有限公司董事长
施天扶	福建龙峰纺织科技实业有限公司董事长
查小刚	江苏联宏纺织有限公司董事长
唐金奎	盛虹集团有限公司总经理
聂松林	天鼎丰非织造布有限公司董事长
屠红燕	万事利集团有限公司董事长
傅国柱	浙江富润印染有限公司董事长

—4—

3

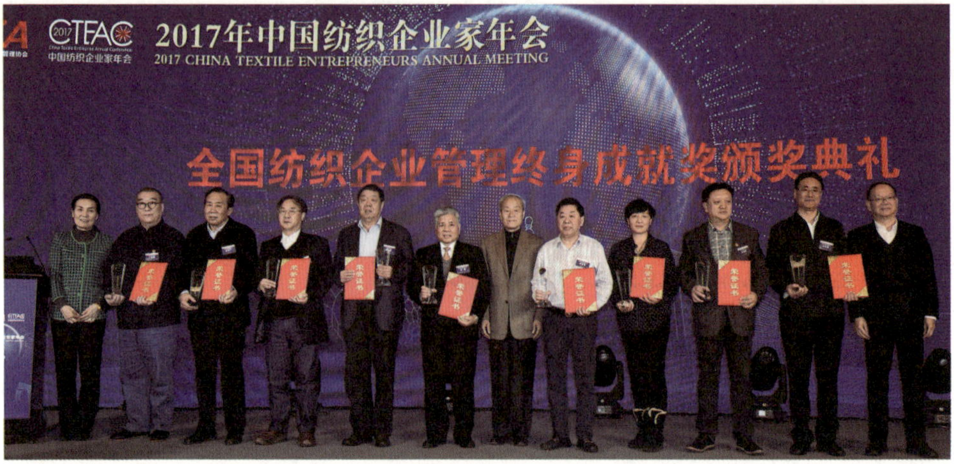

2017年全国纺织企业管理终身成就奖颁奖典礼

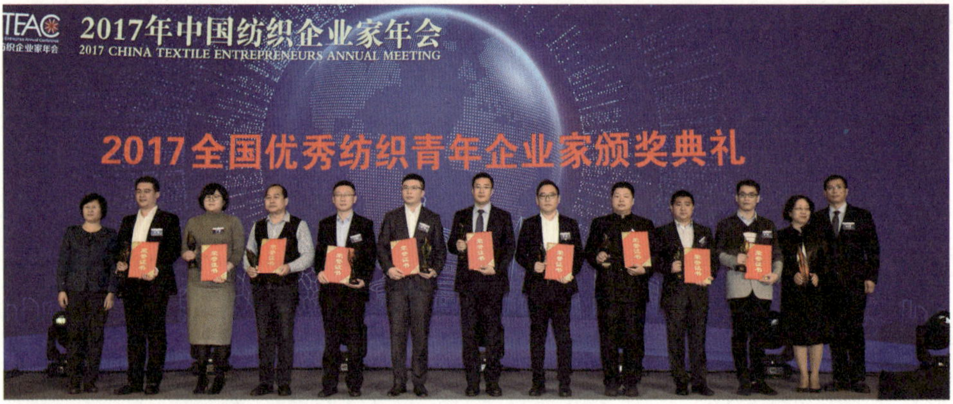

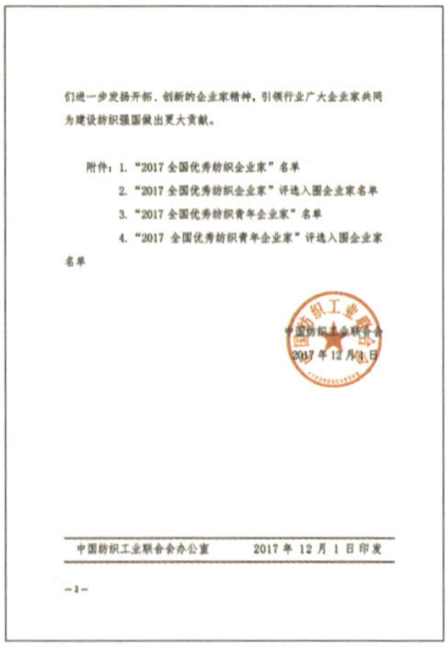

2017年全国优秀纺织青年企业家颁奖典礼

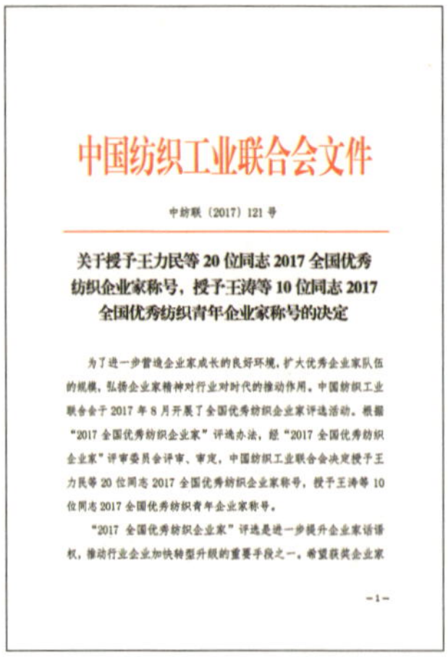

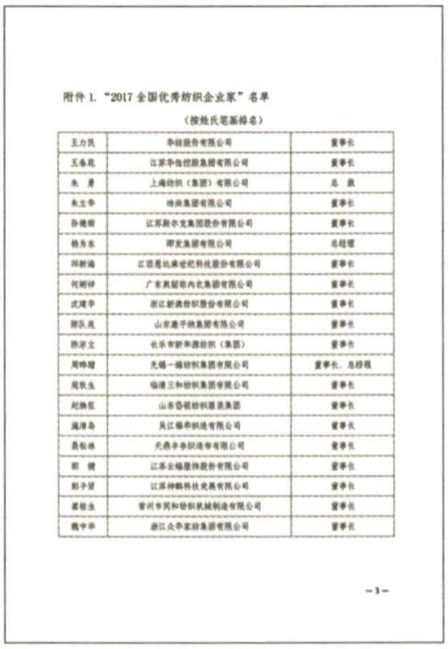

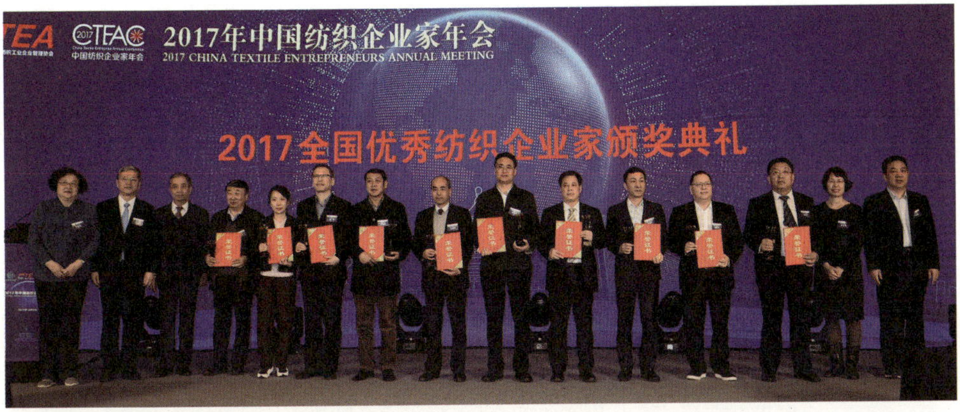

2017年全国优秀纺织企业家颁奖典礼(一)

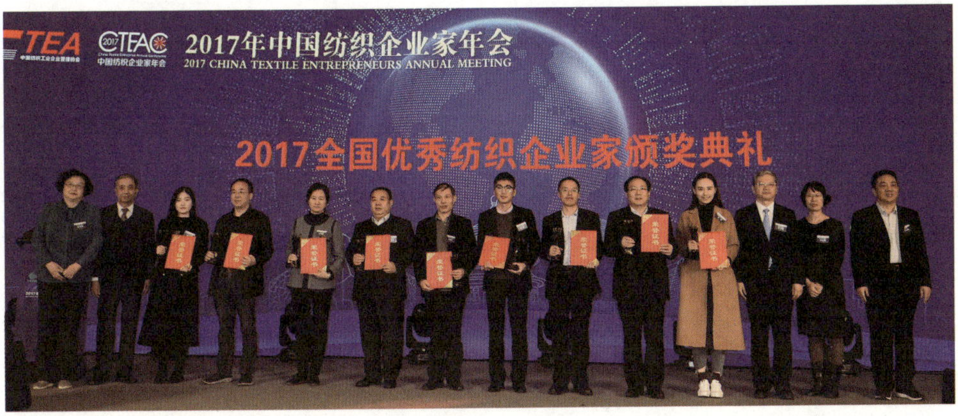

2017年全国优秀纺织企业家奖颁奖典礼(二)

附件2.“2017全国优秀纺织企业家”评选入围企业家名单

（按姓氏笔画排名）

王云松	吴江市晨龙新升丝织品有限公司	董事长
王福华	德州华源生态科技有限公司	董事长
任维明	金达控股有限公司	董事长
刘 卫	苏州美星时尚纺织集团股份有限公司	董事长
刘仰松	江苏省华宝纺织集团	董事长
刘培锦	青岛天一集团红旗纺织机械有限公司	董事长
轩敏义	大康县万利源棉业有限公司	董事长
邱祥坤	石狮市祥华集团有限公司	董事长
宋日升	江苏宋和宋智能科技有限公司	董事长
张卫东	江苏新凯盛企业发展有限公司	董事长
张永钢	光山白鲨针布有限公司	董事长
陆小枝	长春圣威雅特服装集团有限公司	董事长
陈 鲁	淄博大染坊丝绸集团有限公司	董事长
陈永兵	紫罗兰家纺科技股份有限公司	董事长
莫炳荣	浙江嘉名染整有限公司	董事长
徐建林	河北宁纺集团有限责任公司	党委副书记、总经理
徐建忠	浙江兰棉纺织有限公司	董事长
殷金华	江苏金辰针纺织有限公司	董事长
蒋幼明	莱美科技股份有限公司	董事长
童福友	浙江金梭纺织有限公司	董事长

—4—

附件3.“2017全国优秀纺织青年企业家”名单

（按姓氏笔画排名）

王 涛	北京方圣实业有限公司	董事长
王 臻	鄂尔多斯羊绒集团	总经理
刘长斌	际华三五四二纺织有限公司	董事长
牟恒星	宁夏如意科技时尚产业有限公司	董事长
李 斌	三元控股集团有限公司	董事长
郑 洪	福建省长乐市金源纺织有限公司	董事长
赵 亮	山东南山纺织服饰有限公司	董事长兼总经理
黄 磊	江苏红柳床单有限公司	总经理
黄冠华	旭荣集团	执行董事
崔渊文	江苏蓝天环保集团股份有限公司	董事长

—5—

附件4.“2017全国优秀纺织青年企业家”评选入围企业家名单

（按姓氏笔画排名）

王 俊	安徽徽帮数码纺织有限公司	董事长
刘红中	邓州雪阳集团股份有限公司	董事长
李阳光	河南通泰纺织有限公司	董事长
何俊文	广东新怡内衣集团有限公司	总 裁
陈 燕	合肥云上生活纺织品有限公司	总经理
陈明宏	福建长乐长源纺织有限公司	总经理
陈敬孟	丝绸之路控股集团有限公司	副总经理
赵利辉	陕西泰塬纺织有限公司	总经理
高 敏	汉帛（中国）集团有限公司	总 裁
鲁云龙	舞钢市银河纺织有限公司	董事长

—6—

2018年全国优秀纺织企业家颁奖典礼（一）

2018年全国优秀纺织企业家颁奖典礼（二）

2018年全国优秀纺织企业家颁奖典礼（三）

2018年全国优秀纺织女企业家颁奖典礼

2018年全国优秀纺织青年企业家奖颁奖典礼

中国纺织工业联合会文件

中纺联〔2018〕84号

关于授予王莽等39位同志2018全国优秀纺织企业家称号、方秋瑾等10位同志2018全国优秀纺织女企业家称号、王喜成等10位同志2018全国优秀纺织青年企业家称号的决定

为了进一步营造企业家成长的良好环境，扩大优秀企业家队伍的规模，弘扬企业家精神对行业发展和社会进步的推动作用，中国纺织工业联合会于2018年8月启动了全国优秀纺织企业家推荐报名工作。根据评选办法，经2018全国优秀纺织企业家评审委员会审定，决定授予王莽等39位同志2018全国优秀纺织企业家称号，授予方秋瑾等10位同志2018全国优秀纺织女企业家称号，授予王喜成等10位同志

—1—

2018全国优秀纺织青年企业家称号。

2018全国优秀纺织企业家推荐评审工作是进一步提升企业家话语权，推动行业企业加快转型升级，实现高质量发展的重要手段之一。希望获得荣誉称号的企业家继续发扬开拓创新的企业家精神，引领广大企业家共同为建设纺织强国做出更大贡献。

附件：1. 2018全国优秀纺织企业家名单
　　　2. 2018全国优秀纺织女企业家名单
　　　3. 2018全国优秀纺织青年企业家名单

中国纺织工业联合会办公室　　2018年12月3日 印发

—2—

附件1：

2018全国优秀纺织企业家

（按姓氏笔画排序）

王 涛　北京方圣时尚有限公司董事长
王 臻　鄂尔多斯资源股份有限公司董事长
王卫民　上海龙头（集团）股份有限公司董事长、总经理、党委副书记
王云松　吴江市晨龙新升纺织品有限公司董事长
言宝军　南通双弘纺织有限公司董事长、总经理
刘如松　江苏省华宝纺织集团董事长
孙日贵　阜日控股集团有限公司董事长
孙德明　江苏斯尔克集团股份有限公司总经理
严华荣　浙江金三发集团有限公司董事长
杨 南　无锡市金茂对外贸易有限公司董事长
肖继智　石家庄常山北明科技股份有限公司董事长、总经理
吴荣新　福建永荣控股集团有限公司总裁
吴栋梁　江阴兴其觉械科技有限公司董事长
吴振民　山东舒朗服装股份有限公司董事长
汪继华　浙江依爱夫游戏文化产业有限公司董事长
宋日升　江苏东宋智能科技有限公司执行董事、总经理
张明明　爱慕股份有限公司董事长、总经理
张战旗　鲁丰织染有限公司总经理

—3—

陈士良　桐昆集团股份有限公司董事长、党委书记
陈启升　山东联润新材料科技有限公司董事长、总经理
队玉华　沈上如意技术纺织有限公司总经理
范立元　江苏旷阳无纺机械有限公司董事长、总经理
周志强　无锡骏源机电科技股份有限公司党委书记、董事长
柯惠琪　广东前进纺织集团有限公司党委书记、董事长
施天扶　福建龙峰纺织有限公司董事长
施祖春　安徽东锦服饰有限公司董事长
洪 亮　江阴市恒亮有限公司董事长
姚明华　上海神达股份有限公司党委书记、董事长、总经理
奥朔荣　浙江慕名控股有限公司董事长、总经理
夏 华　依文集团董事长
夏国新　深圳歌力思服饰股份有限公司董事长
徐卫民　江苏东渡纺织集团公司党委书记
徐德荣　江苏罗曼罗兰集团纺织有限公司、立新集团纺织科研（江苏）有限公司董事长
徐毅明　苏州宝缦地材料科技股份有限公司总经理
黄 磊　江苏红柳床单有限公司总经理
黄庄芳容　旭荣集团总经理
韩 春　恒田企业有限公司董事长
根庆宝　北京光华纺织集团有限公司党委书记、董事长
傅吴利　浙江冠丰科技股份有限公司董事长、总经理

—4—

附件2：

2018全国优秀纺织女企业家

（按姓氏笔画排序）

方秋瑾　广东鸿泰时尚服饰股份有限公司总经理
计金珍　吴江市东方丝绸市场翔龙复合厂董事长
刘战屏　安徽英士博纺织服装有限公司董事长
肖 华　吉欣时装（上海）有限公司总经理
张 茜　杭州路先水非织造股份有限公司党支部书记、总经理
张兰兰　青岛麟柳智能股份有限公司总裁
陈 艳　上海赫麟杰纺织品有限公司SN总经理、CAL总裁
陈文凤　江苏文凤化纤集团有限公司总经理
俞金键　江苏华信纺织绸股份有限公司董事长、总经理
韩艾芝　德州恒诚集团公司董事长、总经理

—5—

附件3：

2018全国优秀纺织青年企业家

（按姓氏笔画排序）

王喜成　北京柏峰莱有限公司总经理
刘 洲　湖南鑫海股份有限公司总经理
刘学谦　济南浙口服装城总经理
李华洲　山东地沿纺织有限公司总经理
陈明宏　福建省长乐市长源纺织有限公司总经理
周雅丽　吴江盛伟熟制纺织有限公司董事长
吴 城　广东兆天纺织科技有限公司印染总经理
唐俊松　盛虹集团有限公司印染总经理
甄娇源　宜兴乐祸纺织品有限公司总经理
戴春明　集世国际集团有限公司总裁

—6—

中国纺织工业联合会文件

中纺联〔2019〕67号

**关于授予冯文军等20位同志2019全国优秀
纺织企业家称号，授予王强等10位同志2019
全国优秀纺织青年企业家称号的决定**

　　为了进一步营造企业家健康成长环境，弘扬优秀企业家精神，更好地发挥企业家作用，中国纺织工业联合会于2019年8月组织开展了全国优秀纺织企业家评选活动。根据评选办法，经过推选、初审和复审，2019全国优秀纺织企业家评审委员会审定，决定授予冯文军等20位同志2019全国优秀纺织企业家称号，授予王强等10位同志2019全国优秀纺织青年企业家称号。

　　2019全国优秀纺织企业家评选是提升企业家话语权，推动行业企业加快转型升级的重要手段之一。希望获奖企业家们进一步发扬开拓创新的企业家精神，引领行业广大企业家共同为建设纺织强国做出更大贡献。

—1—

附件：1. 2019全国优秀纺织企业家名单
　　　2. 2019全国优秀纺织企业家入围名单
　　　3. 2019全国优秀纺织青年企业家名单
　　　4. 2019全国优秀纺织青年企业家入围名单

2019年11月2日

中国纺织工业联合会办公室　　2019年11月2日印发

—2—

9

附件1:
2019 全国优秀纺织企业家名单
（按姓氏笔画排序）

冯义军　新疆中泰纺织集团有限公司党委书记、董事长
刘子斌　鲁泰纺织股份有限公司党委书记、总经理
刘日兵　愉悦家纺有限公司董事长
杨永堂　浙江华峰氨纶股份有限公司总经理
沈　明　杭州诸暨舜纺织有限公司董事长
张　兴　安徽万方织染有限公司董事长
张天义　北山智能集团股份有限公司党委书记、董事长
张国良　连云港鹰游纺机集团有限公司董事长
林　生　比利妮娜（浙江）有限公司党委书记、总经理
金光杰　吉林化纤股份有限公司总经理
夏令敏　青岛凤凰纺织有限公司董事长
徐国洋　江苏丹毛纺织股份有限公司党委书记、董事长
熊业华　江苏东渡纺织材料有限公司董事长
潘天杰　苏州龙杰特种丝股份有限公司总经理

— 1 —

戴仲明　宜兴乐祺纺织集团有限公司董事长
蔡昌贤　北京格雷时尚科技有限公司董事长
徐　　　江苏悦达纺织有限公司总经理

附件2:
2019 全国优秀纺织企业家入围名单
（按姓氏笔画排序）

王大鹏　新乡白鹭投资集团有限公司总经理
尤广森　枣庄龙翔针纺织品有限公司董事长、总经理
田义军　夏津县天润纺织有限公司总经理
冯文军　新疆中泰纺织有限公司总经理
朱建军　中恒大耀新材料股份有限公司董事长、总经理
庄胜翔　山东亚凯新材料有限公司党委书记、董事长
刘于兴　鲁泰纺织股份有限公司董事长
刘日兴　愉悦家纺有限公司设计总监
扑传智　厦门明柯网络科技有限公司总经理
杨卫民　德州仁和纺丝纺织有限公司总经理
杨立先　上海锦绿纶化纤有限公司董事长
徐乐生　浙江华峰氨纶股份有限公司总经理
吴宇平　无锡市兰翔胶业有限公司董事长
沈　明　鲁丰织染有限公司董事长、党支部书记
张　杰　杭州诸暨新越纺织有限公司董事长、集团总经理

— 7 —

附件3:
2019 全国优秀纺织青年企业家名单
（按姓氏笔画排序）

王　强　山东如意科技集团有限公司首席执行官
宋来斌　上海水星家用纺织品股份有限公司总裁
何鸿鸣　石狮市祥华集团有限公司总裁
何俊文　广东新怡内衣集团有限公司总裁
陈　文　福建经纬集团有限公司党委书记、总经理
林捷俊　潍坊驼王实业有限公司总经理、党委副书记
郑海朋　河北言富化纤物运营有限公司总经理
徐佳斌　江苏福熊实业品牌运营股份有限公司总经理
蔡函烨　诸暨华海氨纶有限公司总经理

— 8 —

附件4:
2019 全国优秀纺织青年企业家入围名单
（按姓氏笔画排序）

王　强　山东如意科技集团有限公司首席执行官
王唐波　阿拉尔市中泰纺织科技有限公司党委书记、董事长
王　纺　浙江康宇科技有限公司董事长
王村市鑫旺绵业有限公司总经理
鑫纺纳米材料科技股份有限公司总经理
化纤有限公司总经理
用纺织品股份有限公司副董事长
集团有限公司执行官
有限公司总裁
司总经理
记、总经理

— 9 —

2019年全国优秀纺织企业家颁奖典礼（一）

2019年全国优秀纺织企业家颁奖典礼（二）

2019年全国优秀纺织青年企业家颁奖典礼

2020年全国优秀纺织企业家颁奖典礼(一)

2020年全国优秀纺织企业家颁奖典礼(二)

2020年全国优秀纺织青年企业家颁奖典礼

中国纺织工业联合会文件

中纺联〔2020〕60号

关于授予王旭光等 30 位同志 2020 全国优秀纺织企业家和刘德铭等 10 位同志 2020 全国优秀纺织青年企业家荣誉称号的决定

为了进一步营造企业家健康成长环境，弘扬优秀企业家精神，更好地发挥企业家作用，中国纺织工业联合会于 2020 年 8 月组织开展了全国优秀纺织企业家评选活动。根据评选办法，经过推荐、初审和复审，2020 全国优秀纺织企业家评审委员会审定，决定授予王旭光等 30 位同志 2020 全国优秀纺织企业家称号，授予刘德铭等 10 位同志 2020 全国优秀纺织青年企业家称号。

2020 全国优秀纺织企业家评选是提升企业家话语权，推动行业企业加快转型升级的重要手段之一。希望获奖企业家们进一步发扬开拓创新的企业家精神，引领行业广大企业家共同为建设纺织强国做出更大贡献。

—1—

附件：1. 2020 全国优秀纺织企业家名单
2. 2020 全国优秀纺织青年企业家名单

中国纺织工业联合会办公室 2020 年 12 月 18 日印发

—2—

附件1：

2020 全国优秀纺织企业家名单

（按姓氏笔画排序）

王旭光　北京邦维高科特种纺织品有限责任公司董事长
王然劳　陕西京泰纺织化纤（集团）有限公司董事长
刘　强　青岛亿联控股集团公司董事长
闫英山　华纺股份有限公司总经理
孙传芳　德州恒丰集团理事长
孙茂健　烟台泰和新材集团有限公司党委书记、董事长、总经理
孙国祥　江苏雅鹿品牌运营股份有限公司董事长
谷源明　大连瑞光非织造布集团有限公司董事长
张国成　常州旭荣针织印染有限公司副总经理
张艳红　魏桥纺织股份有限公司副董事长
　　　　威海魏桥科技工业园有限公司董事长
张晓露　宁夏如意科技时尚产业有限公司董事长
陆小枚　长春圣威雅特服装集团有限公司董事长
陆诗德　泰安路德工程材料有限公司总经理
陈明贤　浙江东进新材料有限公司董事长
陈珍林　上海沙驰服饰有限公司总经理
陈贵德　东莞市贵德实业投资有限公司董事长

— 3 —

林金伟　深圳同益新中控实业有限公司董事长
金　革　浙江古纤道绿色纤维有限公司总经理
宛秋华　临清秋华纺织有限公司董事长
胡冬梅　大杨集团有限责任公司党委书记、总经理
夏爱珍　安徽红爱实业股份有限公司董事长
徐为民　常熟天虹服装城管理有限公司董事总经理
郭宝忠　长春际华三五零四实业公司党委书记、总经理
韩荣桓　山东英利实业有限公司董事长兼总经理
韩洪亮　滨州东方地毯有限公司董事长
傅国柱　浙江富润印染有限公司董事长
储呈平　鑫缘茧丝绸集团股份有限公司党委书记、董事长、总经理
童福友　浙江金梭纺织有限公司董事长
蔡昌号　北京格雷时尚科技有限公司总经理
戴泽新　优彩环保资源科技股份有限公司董事长

— 4 —

附件2：

2020 全国优秀纺织青年企业家名单

（按姓氏笔画排序）

刘德铭　鲁泰纺织股份有限公司董事、总监
李玉龙　株洲欧微服饰有限公司董事长
张　皓　青岛雪达集团有限公司董事长兼总经理
张旭东　江苏东方滤袋股份有限公司常务副总经理
陈庚召　山东康平纳集团有限公司商务副总经理
林济宝　福建隆源纺织有限公司总经理
郑春华　福建航港针织品有限公司董事长
宛　斌　临清三和纺织集团有限公司总经理
曾　韦　北京恩凯乐户外用品有限公司总经理
薛嘉琛　罗莱生活科技股份有限公司总裁

— 5 —

PART 1

第一章

全国优秀企业家

卜晓强

卜晓强

怀揣家国情怀　缔造时尚印记

军旅生涯赋予卜晓强敢为人先的魄力和勇往直前的决心，从战场到商场，他所代表的职业形象与社会形象一直为人所称道。特别是他的"颠覆创新"理念，在专业市场领域可谓闻名遐迩。在商贸领域工作30多年、专业市场领域工作20多年，任何时候看到卜晓强，他都是精神饱满、充满干劲。在他的带领下，红棉以"四次出新出彩"的成功实践引领各项工作，全面出新出彩，从最初的批发市场华丽蜕变为国际前沿的时尚商贸平台和品牌孵化基地，有力地推动了中国服装流通领域的创新发展。

作为中国服装专业市场改革创新的先行者，红棉国际时装城始终坚持"国际化、时尚化、品牌化"定位，构建平台，加强对话，协同资源，跨越边界，不断向管理信息化、运行智能化、产品品牌化、服务专业化的方向发展，通过创新联动，与全球时尚产业共享未来。

确立"三化"定位　"一变"成为业内新标杆

产业的腾飞与企业家精神密不可分。改革开放以来，从造富传奇，到突破创新；从单一业态到新商业代表，专业市场平台为中国服装产业发展进步注入了一股不竭动力。卜晓强紧随变化趋势，始终坚持一个"创"字：创新模式，创造平台；不断创想，永不停歇。

20世纪90年代，广州流花商圈就已成为国内市场密集度最高、规模庞大、辐射面广、影响力广泛的专业市场集聚地，傲然引领着中国服装流通产业的发展。2007年8月，广州火车站正对面，一幢10层高楼——广州红棉国际时装城正式营业。这一时期，我国服装业正处于卖方市场，国内其他地区的服装批发市场开始兴起，流花商圈进入品牌引领的发展阶段。

作为后起之秀，红棉如何定位是未来走势的关键。凭借在商业流通领域摸爬滚打二十多年的丰富经验，卜晓强深思熟虑，按照公司发展的整体战略，明确红棉的发展绝不能短视，更不能盲目，必须要牢牢锁定正在形成的新兴消费群体，立足时尚化；顺应服装市场发展趋势，淘汰落后，定位品牌化；发挥地缘优势，谋求差异化发展，走向国际化。

红棉"国际化、时尚化、品牌化"的定位，与其他专业市场形成了明显差异。在升级过程中，红棉率先提出打造600~1000平方米大店的举措，引起业内轰动。事实证明，此举满足了一批品牌商家的潜在需求，适时助推了成长性品牌的飞跃。

在硬件改造上，红棉几乎"一年一改造，三年一升级"，短短几年便成为国内最新、最现代、最先进的服装市场；在软件管理上，卜晓强坚持"专业的人做专业的事"，无论是安保、电商、物流、物业，红棉都分别成立了专门公司，培育成长为业界响当当的招牌。

引进国际顶流 "二变"赋能自主品牌快速成长

2009年，国内很多服装经营者开始模仿或引入韩国品牌。这一现象引发了卜晓强的思考：为什么韩国、意大利、法国等国服装产业的全球份额持续下降，却依然占据着主导地位，原因就在于他们在设计、趋势和文化等"知识资本"上始终保持着话语权。

"如果只是一味跟随潮流，可能会获取短期利益，但毫无持续性、主动性可言。如果我们的服装品牌经营者都以这样的理念为引领，那注定是没有前途的。"卜晓强认为。

军人出身的卜晓强素来雷厉风行。他有一句话常常挂在嘴边："没有做不到，只有想不到。"卜晓强意识到，必须引领经营者从"服装制造"向"服装创造"转型。在这方面，欧美、韩国时尚界拥有深厚积淀，不妨"师夷长技以制夷"。

想好了就干！在他主持下，红棉打造了国内首个"韩人治韩"的韩国产品层，再次引发业内热议，很多商家都认为这是在"引狼入室"，而卜晓强则看得更远，"学会了与狼共舞，我们必然更具生命力和竞争力"。

韩国产品层成功之后，2013年，红棉又一次做出震动时尚界的创举——卜晓强首次将纯正的米兰时装秀引入中国，成功打造国内品牌和意大利时尚品牌对接、交流、合作的全新平台。2014年，红棉顺势打造了国内首个欧洲品牌服饰渠道运营部，对欧洲渠道拓展模式和品牌引入更加落地、务实。紧接着，卜晓强极富前瞻性地发起创建广东国际时尚艺术文化研究院，致力于填补国内权威流行趋势发布的空白。

接连开辟先河，也引发了很多人的质疑：这是不是超出了一家服装专业市场的职能？对此，卜晓强有自己的思考，专业市场早已不是普通的服装集散流通平台，一个真正优秀的专业市场应该能够为小品牌发展壮大赋能。

在韩国、意大利品牌和设计师的带动下，商户们形成百花齐放、争奇斗艳的生态环境。在偌大的红棉，找不到两家相似的装修铺面和陈列布局，真正实现了"千店千面"，丰富了购物体验，提升了时尚氛围。更重要的是，红棉场内的自主品牌率大幅提高，已经达到80%，与国际市场接轨的自主品牌达到了60%，极大地推动了国内自主品牌的繁荣和成长。

通过与韩国、意大利等品牌的深度合作，卜晓强给国际时尚界的同仁带来了触动。2017年是中国国际时装周诞生20周年，在这一特殊时刻，在欧洲享有盛名的意大利国家级荣誉——意大利金顶奖（Le Grandi Guglie della Grande Milano）分别在米兰和北京授予为中意时尚产业做出杰出贡献的卜晓强。

这是该项荣誉首次授予外籍人士，也是首次在意大利以外地区授奖。意大利以这样的方式表达了对中国时尚产业20年发展成果的认可，传达了中意共缔时尚未来的美好愿望。卜晓强在获奖感言中表示，这份荣誉属于所有为推动中意时尚合作做出贡献的团体和个人，他多次表达了对行业同仁和相关机构的感恩之情。

意大利全国时尚协会荣誉主席Mario Boselli公开表示，意大利非常感谢能有

卜晓强带领红棉创造性地推动中意时尚界的交流与合作

这样一位中国企业家，将全身心奉献给时尚产业，创造性地推动中意时尚界的交流与合作。而卜晓强将荣誉归于大家、归于产业的言行，更加凸显了他难能可贵的感恩、协作和分享精神。

缔造新商贸 "三变"深度整合国际时尚资源

2016年，随着消费外流愈演愈烈，国家适时提出针对消费品结构调整的"三品战略"。此时，国内专业市场的数量激增，发展日趋同质化，传统的商贸、展贸、订货会模式已不能满足个性化、定制化、细分化的市场需求。

在此之前，对传统商贸弊端早有认知的卜晓强已开始探索新模式。在意大利、法国考察了顶级的showroom后，他发现，无论是从货品的丰富程度，更迭速度，还是橱窗的陈列水准，国内品牌的发展水平已经完全能够满足showroom模式的要求。showroom是一种业态，也是一种趋势性的思维和理念，卜晓强希望将红棉打造成一个大概念的showroom，成为国内原创新锐设计品牌的集大成者、一个国内一流的潮牌集合地。他当机立断，联合意大利时尚专家和资源，打造HIVE-showroom，铺设了一条意大利设计师品牌进入中国市场的渠道，也吸纳了一批国内优秀新锐设计师品牌进入市场。

2014年，红棉创立互联网时尚品牌HIVE-showroom。在线下，其产品和服务项目主要服务于高端的国外设计师品牌订货会，通过在各大城市举办线下活动吸引买手客户；在线上，推出国际买手采购平台"Hive+"，主要从事B2B大额商品交易业务，目前已与全球100多个独立设计师品牌达成合作。2018年，HIVE-showroom再次登陆CHIC，从新锐品牌展区到设计力量展区，HIVE的品牌定位不断被擦亮，品牌风格不断被识别，与DFO、时堂并称国内时尚界极具影响力的三大showroom品牌。

多年来，HIVE-showroom模式在全行业不断被推广复制。作为当前中国时尚领域最活跃的showroom品牌之一，HIVE-showroom在北京、上海、广州、武汉、温州等地开展了一系列活动，成功推动了设计师品牌与市场的对接。

作为中国男装行业与世界互联互通的国际化平台，红棉国际男装周旨在汇聚全球时尚领袖、展现战略创新视野，推动并深化"高层次对话、高水平交流、全方位合作"。2019年，红棉企业集团受国际顶级男装展pitti uomo邀请，作为"中国嘉宾国"项目战略合作伙伴，助力中国设计走向国际舞台，向世界展示中

履行社会责任已经成为卜晓强倡导"红棉精神"的重要内涵

国原创男装的时尚力量。"红棉风潮"同时在意大利佛罗伦萨与中国广州两座时尚之都掀起，以中国男装时尚新姿致敬经典。男装周专属showroom平台首次重磅推出，夯实了男装周的商贸流通功能，以原创、优质、潮流的专属新品，进一步满足买手的订货需求，其创新性及先进性再一次开创国内专业市场先河。

推动电商落地 "四变"抢搭数字化快车

中国电子商务的快速崛起在世界范围内都是一个充满传奇色彩的时代"神话"。如何推动国内电商与国际接轨，迸发更大的能量，这个新生事物点燃了卜晓强内心那团创新求变的火。

面对国内市场需求，2016年，红棉国际时装城"我不是买手"直播项目举办了"直播星花样，主播大卖家"直播活动。随着直播成为时下炙手可热的新媒体营销手段，无论在专业市场品牌、淘品牌或其他实体零售品牌中，都能取得较明显甚至惊人的"流量带货"效果。活动期间，六位时尚靓丽的女主播同时直播，为现场围观的人们直观地展示直播所带来的"流量+销量"齐飞的奇迹。很多流花商圈的商户深受触动，随后便投身红棉直播大军。

面对国际市场需求，2018年，"挑战与机遇：中国境内与跨境电商及电商平台"论坛在红棉举行。来自中国和意大利的纺织服装行业精英齐聚一堂，共同探讨中国与意大利电商领域的交流与合作，寻找中意时尚产业电子商务发展的新商机。中国电商的快速发展和日趋主流的趋势，使得意大利同仁在论坛现场呼吁：传统的意大利奢侈品品牌必须在市场策略、产品定价、购物体验、支付方法等方面转型。

新事物的发展必然伴随着新问题。卜晓强注意到，运营成本、专业技能、退换货率等因素，都是商户在电商方面遇到的难点。一些对新媒体营销抱有热情却经验不足的商户迫切需要相关的培训或由所在专业市场提供整合服务。卜晓强借助红棉国际时装周的强大吸引力积极引入专业平台和流量大咖，着力打造全新升级的产业服务平台，为商户提供学习、借鉴和对接合作等诸多机遇。

在他的推动下，围绕新锐品牌孵化、创意设计交流、产业配套服务三大核心内容，红棉通过平台搭建、品牌孵化、大数据应用、教育培训、物流升级等举措，为品牌企业打通研发设计、时尚营销等环节壁垒，加快了红棉产业链、价值链的双提升。

家国情怀 不变的是红棉初心

作为全国优秀企业家和全国纺织企业管理终身成就奖获得者，卜晓强的管理理念并不复杂。他早在长期的实践中将理论与实际完美融合，有的甚至成为他的口头禅：迟早要做的事，那就马上做，要做就做到最好！创新首先要颠覆自我，告别过去；常怀感恩之心，不要去想个人会获得什么，想想能为他人带来什么……特别是他先人后己的奉献精神成为红棉始终不变的底色。

在带领红棉国际时装城成为品牌的孵化基地、原创艺术的策源地的同时，卜晓强还调动多方资源形成合力，推动广东省纺织服装业转型升级。

新冠肺炎疫情暴发后，各行各业都受到极大影响。面对防疫形势和物资保障需求，卜晓强迅速响应，向纺织之光科技教育基金会——纺织服装流通专项基金捐赠100万元。在将员工的健康安全与社会福祉放在首位的同时，积极推动复工复产，着力保障客户服务。为确保城内商户的健康与安全，红棉国际时装城和红棉慈善基金会向全体员工及全体商户赠送防疫口罩共计十万个。为支持武汉汉正街各兄弟市场尽快有序复工开市，恢复经济活力，红棉国际时装城第一时间捐赠了抗疫物资及时抵达武汉各市场及相关单位。

这些年，卜晓强先后获得全国优秀企业家、中国纺织服装行业领军人物、全国纺织企业管理终身成就奖、改革开放四十年纺织行业突出贡献人物、中国商品交易市场模范功勋人物、中国纺织服装行业创新人物、改革开放四十周年广东省优秀企业家、广东省优秀企业家等殊荣。在他看来，这些荣誉代表着全社会对红棉每一次创新和进步的认可和鼓励，也彰显着他对服装流通产业的热爱与情怀。

"履行社会责任"已经成为卜晓强倡导"红棉精神"的重要内涵。2019年底，为促进中国纺织服装流通领域科技教育事业发展，支持纺织服装流通行业科技进步和人才培养，纺织之光科技教育基金会——纺织服装流通专项基金应运而生，卜晓强作为发起人，积极向专项基金捐款。在他看来，流通领域是纺织服装行业产业链的最后一环，设立专项基金很有必要。"红棉的发展离不开社会各界的支持，企业发展了不能忘记回馈社会。行业的发展促进了红棉不断前进，红棉理应担当社会责任，为行业做点事情。"卜晓强说。在全国脱贫攻坚的关键时期，卜晓强积极响应党和国家坚决打赢脱贫攻坚战的号召，心系扶贫、助力扶贫，大力发挥后援作用。2019年，为定点扶贫村桂元村困难家庭捐赠25台电视机；2020年，走访慰问63户困难家庭。卜晓强始终把支持扶贫工作作为一项重点工作去抓，切实为定点扶贫村的脱贫工作贡献力量。

卜晓强的经历证明，没有冒险精神和改革魄力，就不可能成为企业家；不能保持那份至纯至真的初心，就不可能成为优秀的企业家。他的每一次自我颠覆，都为推进中国时尚产业在全球配置资源贡献巨大力量，他对时尚产业的热忱和对国家、行业、同仁的无私关爱，赢得了全行业的认同和尊敬。卜晓强把每一份荣誉都视为责任和督促，阔步行走在推动产业高质量发展的大道上。

宋德武

宋德武

丝连世界的追梦者

　　在国家"一带一路"的伟大战略背景下，在东北老工业基地积重难返的困境中，在纺织行业的激烈竞争中……是他，在丝连世界的逐梦之路上，带领老国企走出了一条创新转型的振兴之路，书写了属于这个时代的伟绩！他，就是吉林化纤集团有限责任公司党委书记、董事长、总经理宋德武。

运筹帷幄、力挽狂澜，于危机中打通血脉

　　宋德武接手吉林化纤集团时，正是受全球金融危机影响、市场形势持续低迷的时候。面对企业连续45个月亏损、效益不断下滑、下属A股上市公司面临退市风险的困境，他多次带队积极与中国证监会、深交所及省证监局沟通协调，经过10个月的努力，第一次A股定向增发成功募集了9亿元资金，当年就使一直处于亏损状态的A股上市公司实现了盈利，并于2016年再次获准定向增发，募集17.2亿元资金，为上项目、调结构打通了资金血脉。同时，他还着手实施了对碳谷公司的股权改造，成功登陆"新三板"融资平台，并于两次增发之后冲刺精选层，为碳纤维产业链延伸提供了源动力。此外，他看准时机转让了下属四川天竹公司的大部分股权，将沉睡了多年的数亿元资金成本悉数收回。

通过一系列的资本运作，宋德武有效盘活了企业资本链、资金链，为企业转型升级提供了强大的动力。

精准决策、自主创新，于发展中升级主业

"有担当的企业，要为行业做贡献，要用创新来推动行业的进步和发展。"正如宋德武在企业内部的创新大会上所言，创新，成为这个老牌国有企业60年屹立不倒的源泉动力。

多年来，围绕四大纤维板块，他潜心研究市场规律、寻找项目与市场的对接节点，引进国际领先生产线，推进自主创新成果产业化，连续投资70多亿元达产达效26个新项目，实现了传统产品人造丝优质化升级、规模产品腈纶差别化调整、专利产品竹纤维联盟化集聚、新产品碳纤维产业链一体化延伸。

通过观察，他敏锐地感受到下游客户除了追求产品质量保证外，对高效率、低成本的要求也更加迫切，为此他独辟蹊径，以独到的丝饼大型化颠覆性变革使人造丝产业链效率提升了70%，45%的产品直接出口国际高端市场，五年间产能增长2.5倍。

为了缓解国内腈纶市场同质化激烈竞争与差别化产品长期依赖进口的供需矛盾现状，他主动扛起差别化产品开发的重任，将黏胶纤维、腈纶、碳纤维三种生产工艺相互融合，成功开发了功能保健、原生色、环保仿真、安全防护四大系列30多种新型腈纶，在创新发展中走出了特有的差别化产品之路，使原有老生产线差别化率达到70%、填补国内空白高端特色产品达到33%、新产品贡献率达到30%以上，被授予"国家差别化腈纶研发生产基地"称号。

竹纤维是他为缓解棉、木资源匮乏，牵头开发的以竹材为原料的民族专利产品，在市场开发过程中，他深刻体会到产业链共同成长的重要性，首次提出以上下游联盟的形式将创新基因植入全产业链发展来壮大民族产业的想法，并成为天竹联盟的灵魂领军人物，产品辐射到欧、美、日、韩等50多个国家和地区，为业界开辟了一个全新的品牌和商业运作模式，成为各行各业产业链合作乃至高校教学的典范。

面对碳纤维技术被封锁、国产碳纤维大多处于培育阶段、企业基本没有利润可言的被动局面，宋德武自上任之日起，就把发展碳纤维产业就作为他的家国情怀，着力打造中国碳谷。他以前瞻的眼光及合作的胸怀，站在国内碳纤维

产业的视角，相继提出了"大丝束、高品质、通用化""从终端制品到碳丝、原丝工艺应用开发一体化"以及"差别化驱动市场化"的碳纤维产业战略发展理念，推动碳纤维原丝产品规格涵盖1K～50K十多个品种，12K、12S、25K、48K、50K系列差别化产品走向产业化，使公司成为全国最大的碳纤维原丝生产供应商，拥有国内唯一的大丝束碳化生产线，实现了从原丝、预氧丝、碳丝到复材制品为一体的全产业链发展，并积极引进丹麦Vestas等多家国内外合作企业，实现了碳纤维产品在风电叶片、汽车轻量化、拉挤缠绕等多个应用领域的拓展，推动我国碳纤维产业走向了高速发展的快车道。

诚实守信、绿色智造，于责任中尽显担当

"做全球最负责任的纤维缔造者"，是宋德武尽显担当的响亮誓言。一直以来，他始终秉持"帮客户获利，助客户成功"的经营理念，坚持产销融合深入客户现场，根据客户需求不断完善产品、细分品类，推行"定制服务"，按需提供有自身特色的专属产品，实现机台与客户的直接对接，满足客户的个性化需求，拓展了客户的产品价值。

他还一直以推行绿色减排为己任，积极践行"节能减排，低碳发展"。一方面先后投资4亿元实施系列环保升级项目，全力打造绿色花园式工厂，实现了污染物的超低排放，其下属子公司吉藁公司成为国家环保部认可的京津冀地区环保超低排放的标杆；另一方面将绿色低碳发展纳入企业的战略体系、生产体系、创新体系和价值体系，通过碳纤维产业延伸，推动风力、光伏等新能源的发展利用、绿色生态纤维及废旧资源循环再利用技术的持续推进，以及竹体系、再生、可持续、有机、Canopy、FSC、绿色工厂等系列绿色认证工作的开展，全面推进产业绿色循环可持续发展。

为进一步降低员工工作强度、提高劳动生产效率，他坚持以自动化、信息化加快提升传统产业。近年来，相继投资3534万元新建、改扩建全自动生产线30余条，近20个岗位实现了机器代人，自主设计建成自动化程度全球领先的腈纶毛条生产线，工作效率比传统生产线提高30%，人造丝装备的系列自动化升级改造，改变了岗位人员三十多年来的作业方式，不仅人均产出率同比提高72%，而且为人造丝产业升级提供了强有力的支撑。通过自动化装备的陆续投用，吉林化纤年均万人产值达到100多亿元，远远超过了行业平均水平。

宋德武与客户交流产品特色

宋德武始终把产品质量放在第一位

率先垂范、践行发展，于传承中逐梦明天

优秀，是一种品质，也是一种传承。

很多了解吉林化纤历史、采访过宋德武的媒体都说，在他身上看到了老厂长——全国劳动模范傅万才的影子，很多员工都说吉林化纤能有今天，都是因为有了"傅二代"，就连离休多年的老一代企业领导都说，"把接力棒交到他的手里是交对人了。"

他心系企业，每天早早到现场了解生产情况，在吉林化纤400公顷的厂区，每个现场都留下过他的足迹；一年365天，几乎全年无休；项目建设期间，无论风霜雨雪每天必到现场，与员工一起在工地吃盒饭、一起现场研究问题；项目试运行，他凌晨两三点钟就早早动身驱车赶往现场。

他坚持思考，读书成为他生活工作中不可分割的一部分，从办公室到车上，再到家里甚至是飞机上，书籍成为他忠实的伴侣。从纤维生产工艺到智能制造，再到管理营销，每一本书上都写着他的批注，并随时记录他对工作的思考。也正是在深入现场、坚持阅读的过程中，他把从书本上汲取的知识通过思考转化为指导实践的技术、经营和管理的理念。

他把员工的冷暖辛苦一一放在心上。员工加班会战，他要求食堂改善伙食；尽最大努力关心员工健康，开展扶贫帮困活动。他把提高自动化水平、降低员工劳动强度、改善工作环境一一列入创新课题，一项一项组织攻关，立志要通过技术创新让员工像在公园散步一样徜徉在生产线。他坚信：只要领导心里装着员工，员工心中就会永远装着企业。

他把增加员工的幸福感和企业的发展壮大作为奋斗和践行的方向。短短几年时间，员工收入翻了一番，企业产值超过100亿元，增长了1.2倍，实现了前50年的发展总量。

回首昨天，百亿企业的梦想已经在他的努力下实现；遥望明天，新时代的丝绸之路，还任重而道远。实现产业报国、丝连世界的强国之梦，用宋德武的话来讲：春天里，在路上……

陈丽芬

陈丽芬

编织缤纷锦绣　书写阳光人生

　　沐浴着改革开放的和煦春风，追随着创新创业的滚滚浪潮，江苏阳光集团从一个乡镇企业起家，一步步发展成为如今国内一流、国际领先的企业。三十余载品牌积淀，三十余载初心不改，三十余载风雨兼程，阳光集团成就了"中国世界名牌""出口服装免验"等诸多殊荣，培育出了一位毛纺龙头企业掌门人——陈丽芬。

　　巾帼不让须眉，三十多年间，她完成了从基层工人到集团舵手的惊人蜕变，一路见证了中国毛纺行业由弱到强、由强到优的历程，一步步走出了自己的灿烂人生；责任铸就荣耀，她积极参与企业的自主创新及自我品牌发展，荣获中国杰出创业女性、全国纺织"巾帼建功"标兵、全国纺织工业系统劳动模范、全国优秀企业家等十余项国家级、省级荣誉。

深耕细作守初心　迎难而上勇担当　用智织造品质"阳光"

　　诚信者，天下之结也。阳光集团从一家乡镇企业到毛纺行业领军者，离不开陈丽芬对质量近乎完美的追求。多年来，陈丽芬始终将产品质量作为关系企业成败的大事来抓，凭着一股逢山开路、遇水架桥的闯劲拼劲，带领企业以优

陈丽芬和同事潜心研究面料流行趋势

良的品质和诚信的服务赢得了市场和群众的信赖。

　　1979年，20岁的陈丽芬进入江阴毛纺厂成为一名普通女工，怀着对毛纺工作的热爱，陈丽芬买来《纺织材料学》《毛纺织染整手册》等各类专业书籍，边自学边工作，顺利通过了江阴市首批毛纺技术员的考试。同时，她先后参加中国纺织大学（现东华大学）毛纺进修班、苏州丝绸工学院（现苏州大学）产品设计班、天津纺织工学院（现天津工业大学）染整专业培训班，不断提升自身的专业素质。1986年，27岁的陈丽芬以令人信服的实力挑起了技术科长的重担。这一年，全国毛纺行业正逢低潮，对于新上任的陈丽芬而言，无论是机遇、环境，还是条件、基础，都"生不逢时"。但是，陈丽芬和同事们通过广泛的市场调研，潜心研究和预测未来市场的走势，以女性特有的独到眼光和悟性，对精纺呢绒的潜在优势和市场前景进行论证分析，提出了立即上马5000锭精纺纱锭的建议。同年10月，第一批精纺呢绒面世，一销而空。

　　1988年，国家实行宏观调控，纺织企业面临呢绒出口受阻、"羊毛大战"的冲击、原料价格猛涨、国内市场疲软等一系列严峻挑战，企业随时都有可能在残酷竞争中被淘汰。陈丽芬与公司管理层及时做出了"适应大气候，搞活小环境"的决策。结果，生产规模不压，发展方向不变，产品销售不缩，而且，在

此后的两年中，集中人力、物力、财力，又上马1万纱锭，从而使企业规模不断发展壮大，呢绒新产品接连问世，市场销售日趋兴旺。阳光集团从激烈的竞争中迅速脱颖而出。经过多年的实践和总结，她创立了"经纬编织法质量管理模式"，让阳光集团先后收获了中国纺织行业的中国世界名牌、中国出口名牌等一系列荣誉。也正是坚守着对品质的这份追求，如今的阳光集团位列2020中国制造企业500强第220位，中国民营企业500强第228位，成为中国纺织行业率先获得全国质量奖的企业。

乘风破浪不畏难　守正创新开新局　用心打造创新"阳光"

陈丽芬深知，创新是一个企业长盛不衰的根本所在，只有技术创新，产品才能出新，企业才能增强竞争实力。发展不停顿，创新不止步，在阳光集团的成长经历中，技术创新始终贯穿其中，以初心致未来。

1990~1995年，陈丽芬运用"创新"在全国毛纺市场刮起的三次"五彩旋风"，也让"阳光"品牌如同七彩阳光般开始绽放璀璨的光芒。当时陈丽芬看到市场上的呢绒基本是黑、青、咖"老三色"，且没有很高的市场需求。她便努力寻求突破，带领设计人员研发出100多种颜色的精纺呢绒，在当时时尚气息相对浓厚的上海南京路的大昌祥、宝大祥、协大祥等老牌呢绒商店一销而空。而后，阳光集团在北京人民大会堂举行了彩色呢绒产品新闻发布会，受到原纺织工业部领导的高度赞誉，掀起了呢绒市场的"彩色旋风"。1991年，陈丽芬和设计人员又开发出高级单面花呢和驼丝锦，在王府井百货大楼设立"阳光专柜"，彩色呢绒让人眼前一亮，围观者啧啧称赞，争相购买。这一年恰遇特大洪水，人们戏称这是"洪水里走出了彩色世界"。可谓是中国毛纺史上的一次革命。

在她的领导下，阳光集团建立了组合科学、分工明确的"一站三中心"技术创新平台，引进了世界先进、国内一流的针梳机、粗纱机、细纱机、络筒机、倍捻机、并线机等生产装备及检测设备，建立了国家级博士后科研工作站、国家级技术中心、国家级毛纺新材料工程技术研究中心、江苏省工业设计中心，形成了有层次、有重点、完善的技术创新体系，把强项做到极致，以强劲的自主研发及创新能力，不忘初心，静心做事，将纳米技术、新材料制造技术和新装备制造技术融入毛纺业，研发出一大批技术含量高、附加值高、市场前景好、竞争力强的特色新品，并且坚持平均每天50个新产品的研发，始终坚持质量第

阳光集团车间一角

一、用户至上的发展理念，走在行业发展的前列。

尽职尽责做表率　实干笃行尽心力　用情塑造有责"阳光"

陈丽芬的幸福逻辑很简单——实现对大多数人的责任，那就是一种幸福的美好。她始终立足中心，服务大局，坚持责任大于效益，积极带领阳光集团履行上市公司的社会责任和时代使命。

作为中国毛纺织行业的领军企业，陈丽芬在行业内最早推行绿色环保理念，在阳光集团构建了完善的绿色制造体系，建立并运行废水废气检测控制系统、固体废弃物的收集贮存处置系统、危险化学品安全管理制度、原材料消耗和水消耗管理体系，污染物排放优于国家或地方最严格的排放标准。

同时她热心慈善公益事业，积极回报社会，在她的带领下，阳光集团在陕西、江西革命老区建立了2所希望小学；捐助培养了200多名大学生；向海内外捐款捐物近2000万元救灾赈灾；出资4000万元参与设立江阴市创新基金，近五年捐款6000余万元扶持行业和地方发展，目前已累计捐赠款物近2亿元。新冠肺炎疫情暴发后，陈丽芬带领阳光集团积极落实公共卫生事件一级响应，第一时间成立疫情防控应急指挥领导小组，紧急筹建3个10万级标准洁净车间，克服运输成本增加、原材料价格猛增的各种不利影响，不计成本保证防疫物资供应。阳光集团累计向湖北等地发出一次性防护服超30万件，医用防护服10万件，

向罗马尼亚、西班牙等地发出防护服超过300万件、隔离衣超过1600万件，积极保障防疫防护物资供给。同时，向江阴市红十字会捐赠价值381440元的25套定制礼服，慰问和致敬江阴25名援鄂医务人员。

行稳致远，进而有为，陈丽芬精心编织着阳光集团的锦绣前程，书写了顽强拼搏的奋斗答卷，成就了自己如阳光般灿烂的人生。务实笃行，厚积薄发，陈丽芬将带领所有阳光人在拼搏中赓续传统，在奋斗中开创未来，向着"百年阳光，基业长青"的目标阔步前行，让"阳光"温暖华夏，撒满世界！

周晔珺

周晔珺

传承实业强国之志　创新企业转型之路

自1984年大学毕业进入无锡市第一棉纺厂工作以来，周晔珺从基层做起，一步一个脚印，1996年起先后担任厂长助理、副厂长、常务副厂长，主管生产。2008年升任厂长和党委书记后，整合无锡一、二、三棉，成立无锡一棉纺织集团，带领无锡一棉创新发展，逐步确立"传承＋创新，打造经典"的核心理念，立足高端，走可持续发展之路，努力创建"生产智能化、管理精细化、产品特色化、贸易全球化"的世界一流纺织企业，为无锡一棉华丽转身、做大做强做出了突出贡献。

颠覆传统　创立高效劳动体系

创新是无锡一棉的灵魂。20世纪80~90年代，无锡一棉有8000多名在职员工、4000多名退休职工，万锭用工300多人。从那时起，企业努力探索由劳动密集型向劳动高效型转化的路径，因为这关系到传统国有纺织企业的生死存亡。周晔珺率领团队，学习日本、欧洲先进的管理理念，在无锡一棉创新性地开展了两项颠覆性的劳动工作法，在全国棉纺织行业产生了重大影响。

一是率先打破了纺织行业几十年沿用的周期性平、揩车模式，创新实施以

"包机到人，动态维修"为特征的小包机设备维修方式，使设备维修更科学，更高效，维修用工只有原来的三分之一。

二是率先打破纺织行业传统的运转管理和作业方式，通过全流程革新操作法，使巡回路线和作业顺序更合理；特别是实施无疵化作业，成为纺织运转创新的一大亮点。在稳定产品质量的前提下，值车工的看台由2000锭扩大至20000锭，效率提高8~10倍。

进入21世纪，无锡一棉在全行业最早开展两化融合探索，从设备互联到万物互联，从智能车间到智能工厂建设，从生产智能化到管理信息化，都实现了流程再造，无锡一棉广泛采用先进的设备直联技术、机器人技术，建立监控中心，创建"ERP+MES+物联网＋大数据"管控一体的新型管理模式，集中指挥、调度和控制智能工厂的生产经营活动。随着智能化工厂建设进程的加快，企业充分应用大数据分析，自主研发了产供销协同查询平台，构建了50多个大数据分析模型，为企业的生产经营工作提供安全、全面、实时、准确的数据服务。

智能化升级以来，无锡一棉生产效率提升23%、运行成本降低22.6%、产品研制周期缩短41%，有效帮助企业实现转型升级，成为行业的示范标杆，"智慧纺织"引领传统棉纺企业华丽转身。

敢为人先　引领纺织技术进步

专注是无锡一棉的性格，也是周晔珺的重要特质。建厂100年来，无锡一棉只做一件事——纺好纱，织好布。

传承敢为人先的开拓精神，率先着力打造以"特高支"为标志的技术优势，周晔珺组织成立"纺织研究所"，以紧密纺技术为基础，开展特高支纱的研发攻关，取得了一批技术创新发明成果，一批高档优质产品陆续诞生。她主持研究的"超高支系列紧密纺纱线项目"，获得第十二届江苏纺织技术创新奖；特别是"特高支精梳纯棉单纺紧密纺纱线研发及产业化关键技术"项目，使企业和周晔珺个人双双获得中国纺织工业联合会2014年度科技进步一等奖。无锡一棉也完成从粗放型转向精细化的转型，再次为传统棉纺织企业树立了产品标杆。

创造经典　打造一流产品品牌

优质是无锡一棉的追求，走遍世界只为寻找最好的棉花，创造经典，纺出

最美的纱线，织出最亮丽的布匹。特色创新的纺织工艺，成就了无锡一棉与众不同的时尚特质。绿色是她对世界的承诺，以低碳纺织为目标，"TALAK"品牌成为绿色纱线的代名词。

周晔珺组织生产部门努力打造高端精品优质生产线，从原料、设备、管理等方面进行定位和规范，确保精品优质生产信誉。不断创新，对产品赋予更高的科技、时尚元素，引领潮流。

同时，她组织实施品牌标准化战略，制定明确的品质标准，使无锡一棉在同行业中率先形成标准产品和（客户）定制产品专业化生产格局，"TALAK"纱线品牌成为紧密纺纱线的行业标杆，其品质标准成为许多同类企业的交易标准。

在国际市场上，无锡一棉的"TALAK"品牌商标在欧美等55个国家注册；在2005年无锡一棉精梳棉纱向欧盟出口位居全国第一后，纱布产品配套国际高档服装面料和家纺产品，与国际著名品牌、一流企业对口链接，成为世界顶级色织、针织面料用户的配套供应商，被欧洲客商誉为全球最优秀的棉纺织工厂之一。

党建引领　投资埃塞俄比亚　营造发展新动能

2016年以来，周晔珺立足控潜高质量发展新动能，聚焦"提质增效"，更加注重产品价值、管理高效、资源整合和可持续发展，推动纺织制造向纺织创造转化。

2017年，无锡一棉响应国家"一带一路"倡议，开展国际纺织产能合作，在埃塞俄比亚德达瓦国家工业园投资建厂，业务开拓到哪里，党支部就建设到哪里。在埃塞俄比亚项目正式动工后，无锡一棉党委第一时间成立埃塞俄比亚党支部，与组织建设厂房和设备安装同步进行。2019年10月，埃塞俄比亚工厂正式投产，荣获"埃塞俄比亚国家工业园"特别贡献奖。项目速度之快、运行之顺，令人瞩目，埃塞俄比亚工厂也成为企业转型发展的新支点。

在集团党委的带领下，埃塞俄比亚党支部充分发挥支部的战斗堡垒作用，在工厂的建设期间艰苦创业、永不言难，新冠肺炎疫情期间，党员防疫抗疫、坚守岗位，发挥先锋模范作用，书写了无锡一棉海外创业的传奇故事，开启了百年一棉新篇章。

中外贵宾在无锡一棉建厂百年庆典现场合影留念

陪同荣智健考察无锡一棉车间

培养人才　打造学习型企业

周晔珺十分重视人才和后备干部的培养。2000年"退城进园"时期，无锡一棉由周晔珺牵头与江南大学共同开办成人大学，招收渴望学习知识的进城务工学员，如今他们中许多人已经在企业担任中层管理岗位，为无锡一棉的发展贡献着力量。

无锡一棉不仅与众多高校深度合作，积极实施"卓越工程师计划"，被教育部授予"国家级工程实践中心"，而且在研发平台建设、纺织科技创新、纺织人才培养等方面取得了许多创新成果。同时在周晔珺的带领下，无锡一棉开拓性地创建企业大学与纺织研究院，打造以知识传播、创新赋能、人才驱动为特征的学习型组织，也为企业人才梯队建设、人才战略完善做好了重要的一环。

"传承+创新，打造经典"，是周晔珺总结的无锡一棉核心理念。传承实业强国之志，创新企业转型之路，在周晔珺的带领下，无锡一棉基本实现了传统粗放式向现代精细化的转型，保持着中国棉纺织行业的排头兵地位，向建设世界一流纺织企业稳步迈进。

郑洪

郑洪

与企业共同成长

多年来，中国经济的发展出现过许多风口，每个人的选择各有不同，面对房地产、金融等行业的不断诱惑，有的企业选择改行。但福建省金纶高纤股份有限公司总经理、福建金源纺织有限公司董事长郑洪始终认为，事情的发展都有自身的规律，只有心无旁骛地从事一个行业，才能把企业做强，才能实现最高价值。

坚定信念　做强实业

郑洪来自一个纺织大家族，家族里的纺织、化纤企业共计15家，拥有450万锭棉纱生产能力。自1998年大学毕业后，郑洪一直从事纺织行业，正所谓的"干一行、爱一行、专一行"。2000年，他从湖北省襄阳经纬纺织公司开始，不断积累经营经验；2004年开始担任福建金源纺织有限公司董事长，他紧跟国家形势和市场行情，将金源纺织不断做专、做强；2004~2018年的14年间，福建金源纺织销售收入从2004年的2亿元增加到2018的49亿元，增长了23.5倍，并且带动家族其他13家纺织企业全面开花结果，成为中国棉纺织行业20强企业。

2012年起，在郑洪的带领下，两家企业一方面集中整合资源优势，从企业规模效应、转型升级、品牌塑造等角度进行推广，逐步加大品牌影响力，另一方面在巩固原有内销品牌渠道的基础上，不断拓展新的内销品牌。同时在国内率先尝试服装纱线原料品牌标识建设，与知名品牌服装企业建立联动合作机制，并要求合作企业在服装上添加原料标识，此举不仅提升了企业的品牌价值，也在全国主要纱线市场树立了标杆典范，取得了良好的品牌效应。金纶高纤的"宝纶"牌涤纶系列产品被世界品牌实验室及其独立的评测委员会评测为"2018年（第十五届）中国500最具价值品牌"，品牌价值评估为72.65亿元。2017年福建金源纺织纱线品牌"正源"被中国棉纺织行业协会评为"最具影响力产品品牌"。

郑洪深知"客户就是上帝"，产品销售直接决定着企业未来的发展，因此，他对企业的每一位客户、每一个订单都非常重视。他将公司客户分成三种类型：战略合作的长期稳定型、依据淡旺季而适度调整需求的较稳定型、依据市场不断调整的灵活型。根据不同客户的情况，清楚判断，主动接洽，针对性地与客户达成共识与合作，使公司销售业绩快速提升。自2015年起，郑洪每年都带领集团营销团队，积极拓展国内和国际市场，参与了国内外多场展会，拓宽视野的同时，更加明确了客户的需求，开发了东南亚和南美等地区50多家新客户，出口值同比增长显著。近几年，在广东、福建、江浙的市场份额继续保持稳定增长的同时，河南、山东市场销售量和销售额同比增长2倍多，为更多的下游企业提供了更优质的产品服务。

锐意创新　领跑行业

郑洪充分认识到只有不断加大投入，加强新产品研发和技术创新，才能在纺织新时代立于不败之地，获得长远发展。

自2005年起，郑洪致力于棉纤维针织纱的开发与应用，推动企业产品向差别化、高端化发展，在福建金源纺织培养了一支精通非棉纤维针织纱开发与产业化技术的研发团队，使公司具备强大的产品研发生产能力。建立创新基地，挖掘国际市场。每当遇到技术创新、专利开发的"硬骨头"，郑洪都会勇挑重担，攻坚克难。在他的带领之下，福建金源纺织棉纺核心技术开发团队认真研究"非棉纤维针织纱线差别化"的高端化和细分化，力争建立全国非棉纤维纱线创新基地。

在重视研发提升的同时，郑洪也一直关注行业设备的进步。近年来，他不断加大技改投入，对生产设备进行全面升级改造，大幅提升设备自动化与信息化水平，并采用信息化管理系统对企业进行全方位管理，力求打造设备领先、管理先进的行业领先企业。借力"一带一路"，2015年，郑洪在金纶高纤投入8.6亿元开发"纺织新材料原液着色纤维产业化"技术项目，一举提高了涤纶产品的附加值，进而加大了色丝研发力度，并且迅速打开国际销售市场。近几年，福建金源纺织持续以产品研发创新为突破口，开发并规模生产纯棉竹节纱、涤棉竹节纱、仿兔毛纱等新产品，赢得国内外客户青睐，订单不断。

在郑洪的领导下，目前两家企业已拥有116项纺织科技成果，其中63项获得专利授权。近年来参与起草行业及国家标准5项，牵头制订了《仿兔毛针织用包芯纱》行业标准，2018年参与了《棉本色纱线 GB/T 398-2018》《涤纶本色纱线 FZ/T 12019-2018》《棉及化纤纯纺、混纺本色纱线检测规则 FZ/T 10007-2018》的修订。

卓越管理　以人为本

现代企业管理是企业生存的基石和发展的动力。郑洪始终秉持"以人为本"的管理理念，坚持"能者上、庸者下，任人唯贤"的用人机制，通过全面推行多劳多得、绩效挂钩的薪资制度等方式，建立了一套适合企业文化的现代企业管理制度。通过不断努力，企业在生产管理、产品质量、成本控制、节能降耗、员工归属、团队建设等方面取得了显著成效。

郑洪信奉现代企业管理制度，始终倡导"高标准、严要求，力求完美品质"的质量理念，推行5S企业管理体系，调动全体员工自主管理、自我教育的积极性，增进全体员工的质量意识、问题意识、改进意识和参与意识。定期请专家向职工讲授专业知识、举办技能大赛等，提高员工技能素质，丰富精神生活，使公司的各方面管理一直保持着优秀稳定的水平，企业风清气正，得到了广大客户的一致好评。

以人为本是郑洪管理理念的根基。在他的主张下，企业每年给生活困难或突遇意外的员工补助补贴达200万元以上，让员工在企业感受到温暖和归属感。2016年，郑洪提议建立员工保障办公室，随时了解病、孕和困难员工的具体情况，除严格按照劳动法等法律规定保护这些员工的合法权益外，还带领有关部

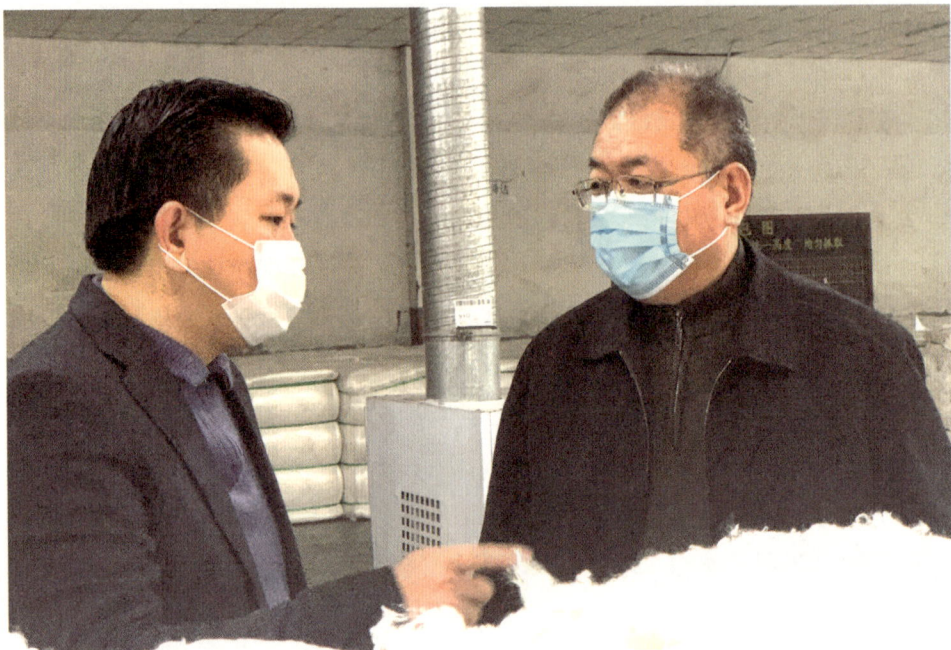

疫情期间郑洪带领公司积极复工复产

门给予慰问，已为112户因灾、病、学等情况遭遇困境的员工家庭进行补助，传递关怀和温暖。节假日、酷暑高温日，党委、支部、工会领导都会深入车间看望一线工作员工，并送上慰问品、慰问金，企业呈现出上下团结、融洽和谐的氛围。

党建引领　不忘初心

郑洪对中国特色社会主义有坚定的信念，对党和政府充分信任，对国家和地域的经济发展充满信心。郑洪在工作中坚持党的领导，高举党的旗帜，创造性地开展党建工作。

2018年，他在福建金源纺织投入近200万建立了集团党群活动中心。党群活动中心建筑面积达1000多平方米，内设阅览厅、党校、党员活动室、会议室、图书阅览室、教育培训室和党工团办公室等。其中图书阅览室共有藏书近万册，涵盖了红色文化、党性教育、法律法规、纺织专业技能、时事科技等多重领域；配备有专业健身器材的员工健身活动室也于同期扩建完工，同时又增加设立了企业培训中心、劳动模范创新工作室、心理咨询室、法律咨询室；加强了党群

一体化建设，帮助员工培养多元兴趣爱好，营造良好的工作、学习氛围，增强员工间的交流与促进，相互提升。

郑洪积极带领党员、干部和群众，坚决贯彻执行党的方针政策，认真落实上级党组织部署的各项任务，在企业先后设立党工团委等组织，在改善员工生产和生活条件、保护员工权益等方面发挥了重要的作用。在员工思想教育方面，积极开展"不忘初心，牢记使命"等主题教育活动，将主题思想融入实际生产中；定期开展"法律课堂"，教育员工知法懂法守法，推进企业法治文明建设。2017年，在企业员工宿舍区投入资金100余万元建设了以"法治、和谐、平安"为主题的法治文化公园。公园以宣传长廊、文化石、雕塑、提示牌为载体，图文并茂，内容丰富，涵盖了法治名人典故及相关法律法规。企业先后荣获福州市级先进基层党组织、福州青年五四奖章集体、首批党员诚信企业、精准扶贫示范企业等荣誉。

投身公益　承担责任

郑洪认为，作为企业家的社会价值，除了体现在创造就业、贡献税收，还应该体现在投身公益、奉献社会。

他说，是改革开放的各项政策，社会稳定的市场大环境，让民营企业立足并蓬勃发展的。近年以来，郑洪充分履行作为企业家的社会责任，热心社会公益事业。两家企业每年向国家缴纳税收累计金额均超过亿元，并为5000多个家庭提供了就业岗位，帮助1000多个家庭摆脱贫困。

郑洪格外重视员工的子女教育，与企业周边的多所学校达成合作共识，出资赞助学校基础设施建设、教师人才队伍培养，并在省内外多家学校捐资建设图书室。目前，其个人及企业通过灾区捐款、捐资助学、扶贫济困、捐助图书馆、捐助建校、乡间建设、疾病救助、帮扶"三老、五老"、关心关爱残疾人、精准扶贫、助建乡村建设等活动，共向社会捐赠款项达3000多万元。两家企业先后获得"热爱公益事业贡献奖""精准扶贫示范企业"等荣誉。

一路走来，郑洪身上的角色越来越多。作为一个有着家国情怀的企业家，他是福建省十三届人大代表、福建省工商联常委、福建省民营企业商会常务副会长、福建省纺织行业协会副会长。作为一个敢于创新的企业家，他是中国纺织行业人才建设突出贡献人物、全国纺织系统劳动模范、全国优秀纺织青年企业家。作为一个地地道道的闽商，他荣获过福建省闽商建设海西突出贡献奖、福建省五四青年奖章、福建省非公有制经济优秀建设者、福建省第十三届优秀企业家……在带领企业追求更高价值的历程中，郑洪也实现着自身的价值，以毫无保留的拼搏创造着不设限的人生。

PART2

第二章

全国纺织企业管理
终身成就奖

苏瑞广

苏瑞广

常青树的守护人

1973年，苏瑞广带领企业从9间简陋的厂房、固定资产1.9万元起家，经过40多年的发展，奇迹般地使一个只有16台布机、23名职工的作坊式小工厂一举发展成为拥有16家成员企业，总资产17亿元，员工5000名，集纺织、染整、服装加工、房地产、环保科技、电子电器、餐饮、金融及国内外贸易等多种经营于一体的大型企业集团——河北宁纺集团。

苦尽甘来 艰辛换来第一桶金

1955年，苏瑞广中学毕业，怀抱着报效祖国、奉献自己的淳朴愿望走上了工作岗位。他的第一份工作便是烧锅炉，但这份又脏又累的工作并没有难倒他，反而使他带着挑战的激情，千方百计搞改革，交出了一份满意的答卷。在担任布机车间主任期间，带领车间加班加点，攻克一个个技术难关，奖项接踵而来，厂里开展劳动竞赛的流动红旗变成了他们车间的专属。

1973年9月，县里决定在一个废弃的火药场上筹建棉织厂。9月15日，被正式定名为宁晋县棉织厂，由此揭开了宁纺艰苦创业的序幕。从那时起，苏瑞广这个名字便与宁纺紧紧联系在了一起。9间简陋的厂房、16台破旧的布机、23名原火药场垮掉后失去饭碗的工人，这就是当时交给他的全部家底。

当时的条件极其艰苦。工厂远离县城，坐落在沙岗上。没有空调，他就带领大家往地上泼水增加湿度，光着脚上班，脚泡烂了，但是没有人叫苦。没有码布机，就在墙上钉钉子码布；没有打纬机，就用自行车圈代替；没有浆纱机，就找来一口大锅用脚踏，用手砸。即使条件如此艰苦，但看到生产出的一米米洁白的布，大家心里像吃了蜜一样甜。仅用了108天时间，厂子就为国家创造了1.7万元的利润。

苏瑞广意识到，企业没有终端产品是绝对不行的。于是，他决定产业链向下延伸。"我们要独立走路，要自己织布，自己割染，不然我们会受制于人，别人一伤风，我们就得感冒。"

宁晋棉织厂准备上割染项目的消息很快传出去。上级有关部门闻讯后，立即发出：考虑是重复项目，你厂的割染工艺不能上！

为了挽救企业的命运，苏瑞广只好冒着风险，顶着压力上。1981年11月30日，宁晋棉织厂割染工艺实现了一次试车成功，各项理化指标经过省和天津市有关部门的检测，全部达到了部颁标准。割染灯芯绒在宁晋棉织厂诞生，为邢台地区填补了一项空白。1981年，企业盈利60多万元，成为当年河北省唯一大幅度盈利的厂家。割染生产线最终得到了省里的认可。

坚定信心　抢占市场制高点

1982年，全国纺织行业正值"谷底"时期，苏瑞广向上级申请一套时值40万元的印染设备。当时，这个数字对一个县来说是一个巨大的财政负担，上级不同意。他三天两头往机关单位跑，私底下筹措资金、购买设备、组织安装，一批批加工的布匹从车间生产出来，经检测，全部达到质量要求，上级部门最终对这一项目点头认可。那一年，全省86家纺织厂纷纷关门，而他带领的宁晋纺织印染厂却逆市上扬，蓬勃发展。

为了谋求更大的发展，1983年，企业决定迁址。据估算，搬迁至少需要一年时间。但在苏瑞广的带领下，全体干部职工不畏盛夏酷暑，昼夜奋战，晴天一身汗，雨天一身泥，拆一台、搬一台、安一台、开一台，手推膀拉重达上千吨的设备，从搬迁到安装仅用了两个月的时间。这次搬迁节省搬迁费25万元，当年实现利润50多万元，创造了搬迁史上的奇迹。1987年，企业投资800万元

上了万锭纺纱项目，结束了宁晋自古无纱厂的历史。到1988年，一个拥有万枚纱锭、400台布机、一条印染生产线的纺织印染一条龙企业矗立在冀南大地。

1997年1月，企业改组为河北宁纺集团有限责任公司，并组建河北宁纺集团。2002年12月，又成功领导企业进行股份制改造，实现了国有向民营的根本转变。

2003年，县委县政府提出了"东城西区"的发展规划，苏瑞广比以前更加忙碌了。这年春天，为了洽谈项目，他4天跑了4个城市，行程3000多公里。他与港商成功洽谈了合资兴建10万纱锭的项目；经过谈判，南非外商追加投资50万美元用于合资企业；在华东交易会上，接到合同26份，订单110万米，总值1000余万元人民币。

多元发展　企业开启新征程

2008年以来，苏瑞广制定了"立足纺织，超越纺织，主业做强，新业做大"的多元化发展战略，企业涉足典当行、小额贷款、房地产、塑业等多个新产业领域。2009年，企业成功抵御了全球金融风暴的冲击。

2016年河北省"7·19特大洪灾"发生后，苏瑞广提出"宁可停工停产，也要保证群众安全"的口号，立即组织300多人的队伍投入抗洪抢险，成功封堵3个决口。在封堵北沙河南岸40米决口时，81岁高龄的苏瑞广亲临现场指挥，连续奋战28个小时，成功堵住了溃口。

2016年以来，苏瑞广带领宁纺积极投身扶贫攻坚事业，无偿提供服装设备50多台套，完成了对口扶贫村巨鹿前无尘村服装厂项目，并于2020年5月开工投产，解决了150名村民的就业和脱贫问题。宁纺荣获河北省"千企帮千村"精准扶贫行动公益扶贫奖，苏瑞广被授予2018年度河北省扶贫攻坚奉献奖。

2020年初，面对突如其来的新冠肺炎疫情，他带领宁纺第一时间向武汉捐赠价值220余万元的医用护士服48176件，向宁晋县红十字会捐赠护士服2000套，为邢台各市县执勤点、医院等捐赠价值120余万元的75%酒精等防疫物资，组织党员干部捐款27万多元。同时，组织生产抗疫急需的防水防渗抗菌防护面料634万米、口罩470多万只、鼻梁条184万米，受到社会各界普遍赞誉。宁纺入选全国性疫情防控重点保障企业名单。

50年来，苏瑞广获得过大大小小数不清的荣誉，其中包括全国劳动模范、全国五一劳动奖章、全国优秀党务工作者、全国优秀经营管理者、全国纺织企业管理终身成就奖、全国纺织工业劳动模范、河北省优秀企业家等40多项省级以上奖励和荣誉称号，并享受国务院政府特殊津贴。

1988年7月，到宁纺视察的河北省委领导称赞企业是"县办企业一枝花"。1990年3月，河北省委领导到企业视察并题词："纺织战线的明珠，企业学习的榜样"。2003年9月，河北省委领导到公司考察并题词："宁纺是棵常青树，历经风霜势不衰。"2006年12月，河北省委领导给苏瑞广题词"老有凌云志，全在精气神"。

在他的带领下，宁纺集团先后获得全国先进集体（五一劳动奖状）、全国纺织工业先进集体、全国模范职工之家、全国首批重合同守信用企业、全国企业文化建设先进企业、中国印染行业十佳企业、中国印染行业三十强企业、全国纺织行业和谐企业，连续20多年的河北省文明单位等100多项省级以上荣誉称号。

苏瑞广常说，经营企业就是经营思想。他希望通过不懈努力建设一家有信仰、有理想的企业。时间有限，理想无限，宁纺永远在路上。

OO&VV × MITALEE
欧微时尚集团简介

欧微时尚集团创立于2013年，是一家集服装设计、研发、生产、营销、品牌推广、终端零售于一体的中大型时尚服饰集团，旗下拥有时尚买手集女装品牌OO&VV、高端轻奢女装品牌MITALEE(米塔莉)。

欧微时尚集团经过8年的快速发展，从无到有，从小到大，在各级领导和合作伙伴的关心、支持下，取得骄人成绩。目前全国在营高效门店200余家，主要分布在湖南、湖北、陕西、江西、江苏、广东、广西、云南、海南、青海等地。OO&VV品牌以"潮流时尚、知性优雅、浪漫柔美、活力休闲"的风格，独创买手集成品牌模式，买手敏锐的时尚捕捉力，使品牌的独特魅力在一次次演绎中完美呈现，备受都市新时代女性消费者的喜爱和专宠。2021年新创立的高端轻奢女装品牌MITALEE (米塔莉)秉承"简而不乏、极具匠心"的设计理念，致力于以简约、优雅的品牌格调，为现代都市女性诠释舒适愉悦的时尚生活态度，并提供一站式的全场景穿搭解决方案。

欧微时尚集团的高成长性被产业链上下游同仁公认为行业独角兽企业，代表服装行业新势力，引领行业发展。公司秉承"伴随客户美丽，支持员工成长，帮助更多人实现梦想"的企业使命，始终围绕"洞察市场变化，匹配顾客需求"的经营模式，得到了市场的验证和消费者的肯定，并被顾客定义为国民消费新国货品牌。

MITALEE空间形象效果图

OO&VV产品风格

MITALEE产品风格

企业发展历程
CORPORATE HISTORY

- **2013年**：OO&VV时尚女装品牌创立。
- **2014年**：株洲欧微服饰有限公司正式成立。
- **2017年**：OO&VV品牌转型升级，入驻大型购物中心SHOPPINGMALL，销售业绩名列前茅。
- **2018年**：店铺数量150家，品牌连续两年荣获服博会行业"十大原创品牌大奖"。
- **2019年**：公司搬迁至芦淞区汇通金港产业园，员工总数突破1000人，店铺数量达210家。
- **2020年**：欧微时尚集团产业园开工建设。
- **2021年**：欧微产业园竣工投产，杭州研发中心正式成立。
  高端时尚轻奢女装品牌MITALEE (米塔莉)正式创立。
  蜜蜂定制品牌第一家门店在株洲大汉希尔顿开业。

赵林中

赵林中

天　职

赵林中的头顶上，有着数不清的荣誉和光环。第九届、第十届、第十一届全国人大代表，全国劳动模范，全国五一劳动奖章，全国优秀党务工作者，全国全心全意依靠职工办企事业的"十佳"领导干部，全国"半月谈"思想政治工作创新奖，中国创业企业家，浙江省优秀共产党员，浙江省突出贡献企业家，改革开放三十年浙江功勋企业家，改革开放四十年纺织行业突出贡献人物等。

然而，最被人们熟知的却是三个头衔：全国人大代表、全国劳动模范、富润控股集团董事局主席。如果说荣誉和光环是社会对企业家能力的考量，是主管部门对有特殊贡献人物的认可，那么老百姓的口碑则是衡量民意的标尺。"金碑银碑不如老百姓的口碑"，诸暨的老百姓用平实的口吻评价赵林中：他是企业里的大儿子，家庭里的大孝子，伢百姓的代言人。早年的诸暨流传着这样一句民谚："东南西北中，统归赵林中！"一语道出了赵林中在百姓心中的分量。

锐意改革

赵林中入党时还不到18周岁，他当过半脱产的公社团委副书记、手工业社的党支部书记兼会计，当过人民武装部部长，在诸暨县（现诸暨市）委办公室当过秘书，1986年，听从组织安排到国营诸暨针织厂工作；20世纪90年代，在国有企业改革的大背景下，他义无反顾接过了一个个沉重的"包袱"，担当起国有企业"保姆"的天职。他整合兼并了国营诸暨针织厂、国营诸暨毛纺织厂、国营诸暨绢纺厂、诸暨纺织总厂、国营诸暨化肥厂、诸暨市商业（集团）公司及所属企业等22家国有亏损企业，承接债务6亿多元，接收职工9450余名，成立了富润控股集团，不仅使这些企业起死回生，雄风重振，也使万名职工改变了人生的命运和轨迹，是纺织行业脱困攻坚战的先进典型。

1986年6月，当赵林中接管诸暨针织厂，出任厂长兼书记时，针织厂仅100来号人，主要生产针织内衣，年年亏损。他一门心思扑在如何扭亏增盈上。保障职工利益无疑是激励生产的原动力。赵林中倡导的"小河有水大河满""职工得大头""职工最小的事也是大事"激发了职工的积极性。

诸暨县的国企改革一步步推进，10年中，赵林中兼并了22家困难企业，每次县领导去和赵林中商量兼并，赵林中的回答总是三个字"好的喽"。在承受一次次改革阵痛中，赵林中带领企业平稳过渡，这位年轻时曾在自己照片后写下"为人类奋斗终生"的愣小子，后来成为一个顶天立地的人物，承担起了国企绵延和创新的责任。他率先垂范："忠诚于党的事业，忠诚于国有资产，忠诚于富润集团的事业，忠诚于社会资产，办事认真，处事公正，经营廉正，艰苦勤奋。"以忠诚、信念和勇气展示出新时期优秀共产党员的精神风貌。

从1986年至今，企业资产由300万元增加到70多亿元，先后荣获全国先进基层党组织、全国文明单位、全国五一劳动奖状、全国精神文明建设先进单位、全国创建和谐劳动关系模范企业、全国模范职工之家等荣誉。只有2000万股A股流通股的"浙江富润"股票自1997年6月上市后，累计现金分红派息5.5亿元，累计上缴税收11.6亿元，送、配股四次，实现了"今日借你一粒籽，来年还你一担粮"的承诺。

"现在回过头来发现，我青春年华最美好的记忆就是在国企改革中做了两件事，一件是兼并，一件是转制。"赵林中谦逊地说。多年来，他坚持着力打造企业核心竞争力，放手建立激励、约束机制，持续激发企业的自主技术创新能力和品牌开发能力。他把握的改革原则是大改革、小震动，热问题、冷处理。改革模式是按党的十六届三中全会指出的"投资主体多元化，使股份制成为公有制的主要实现形式"，改变企业投入的单一格局，发展股份、社会资本和非公有

资本等参股的混合所有制，从而使上市公司或国有资本"四两拨千斤"，带动更多资金投入经济建设。以产权为纽带建立新型的利益共同体，体现"社会统筹协调和谐发展"的基调，孕育新的公有制组织形式，更多地保障国家、企业和职工的利益，从而实现国有企业改革的软着陆、缓转弯。

2011年，按市委市政府的决策部署，经国务院国有资产监督管理委员会批准，富润集团由国有独资企业改制为国有资本参股企业。在发展纺织主业的基础上，他带领富润集团顺势而为，发挥资源、资金、管理、技术、人才等优势，拓展产业领域，投资文化产业、养老产业、智慧产业、金融业、科技孵化器、建材行业、创业投资等。2018年3月又投资互联网大数据产业，实施"互联网+"的发展战略。如今，富润集团的产业格局是"三亩棉花三亩稻""东方不亮西方亮"，实业和投资互补，生产经营和资本经营相得益彰，在不断尝试和探索的转型之路上越走越远。

心怀天下

赵林中是诸暨唯一的三届全国人大代表。人大代表的经历，是他一生最宝贵的精神财富。民情重如天，他以独特的民情征求方式，炽热的排忧履责心肠，宽阔的建言参政视野，成为尽职的百姓代言人。赵林中视替百姓代言为神圣天职，一边心系企业万余职工的社情民意，一边心系百万诸暨父老乡亲的信任和重托。为处理好企业工作与代表工作的关系，他像经营管理企业一样，建立了一套履行代表职责的机制和办法，在当地人大机构的支持和协助下，使征集工作不留"被遗忘的角落"。

他借助诸暨人大办事机构，以文件转发形式，把征集群众意见和建议的信函送达全市各机关、团体、企业、学校、医院等。很快，来自方方面面的建议和意见如雪片般飞来，经他筛选、核实、归类、整理，再把事关大局、百姓普遍关心的建议和意见带到北京。履职15年，他提交议案建议1606件，其中自主提交1035件，处理人民群众来信等4000余件（次），多件建议被列为重点办理建议。2011年入选亚义网、《检查时报》"十位有影响力的人大代表"。闭会期间以代表专用信方式向党和国家提交意见、建议。他提交的议案、建议、意见既有一定的数量，又有较高的质量，源自基层，贴近群众，关注民生。他三次列席全国人大常委会会议，向党政机关、行业协会、老干部等传达全国人大会议精神60余场（次），被誉为"百姓的代言人"，国家和人民的知音。梳理这些年的履职故事，赵林中十分欣慰地说："能把大家的意见传递上去，把矛盾和困难化解，我这个人大代表就没白当。"

拳拳爱心

赵林中说，企业的"企"是一个"人"加一个"止"字，如果不关心人，爱护人，尊重人，那么这个企业便会停止前进的步伐。他坚持以人为本，倡导不但要全心全意依靠职工办企业，而且要办好企业，让职工有依靠；鼓励经营管理技术骨干通过辛勤劳动先富起来，但绝不能让职工群众穷下去。

作为"枫桥经验"发源地的企业，30多年来赵林中自觉把"枫桥经验"运用到企业治理中，融会贯通坚持好、创新好、发展好。1996年，赵林中把10多年来的思想政治工作经验总结归纳，形成了《经常性思想政治工作条例》，共八章61条。内容涵盖职工生活管理、家访慰问、劳动管理、民主管理、表彰先进颂扬新风、计划生育、环境保护、慈善救助、党建群团工作、离退休职工管理等，对职工日常工作、生活中可能碰到的各种问题，如劳动合同、社会保险、结婚、生育、医疗、工资、福利、退休、入伍、立功、解除劳动关系乃至家庭纠纷、生老病故等都做出了具体规定，通过访、助、贺、奖、罚、帮等措施，对每项条款的实施规定了明确的日期、具体内容、操作方法、提示人和责任人，使条例像生产指挥调度系统一样，全方位运转，并在全国率先通过质量管理体系认证，使职工冷暖有人问，急事难事有人帮，呼声意见有人听，好人好事有人夸，坏人坏事有人抓，做到了"小事不出车间分厂和子公司，大事不出集团，矛盾尽可能不上交政府"。2020年底，在《六十一条》的基础上，升级形成《"枫桥经验"与企业治理规范》，努力打造"枫桥经验"企业版，在全国纺织行业和社会综合治理领域推广。

每一次兼并，他首先关心的是离退休老同志。每逢端午节、冬至、中秋节、春节这些传统的节日，富润集团也不会忘记给离退休老人送上一份礼品。尤其是每年的春节，都会组织对3000多名离退休人员的大规模慰问，60多个慰问组成员的足迹遍及诸暨城乡，累计慰问3万余人次，慰问金达千万元。1996年，赵林中倡导成立了富润集团困难职工基金会，迄今累计捐款13万余人次，救助困难职工1.8万余人次，救助金额2000多万元，成为职工抵御困难的坚强后盾。

而赵林中把劳模奖金，市里或有关方面奖励的一部分奖金，还有个人稿费，累计近500万元，捐助给富润集团困难职工基金、社会慈善捐款，并设立了赵林中奖学基金，缴纳特殊党费、专项党费10多万元。

富润集团还投资福利事业，2004年7月，总投资3000万元的市老年康乐中心正式建成启用，400多位老人在中心老有所学、老有所乐、老有所养、老有所医，享受着幸福的晚年生活。赵林中还发起成立了诸暨市孝德文化研究会，传播弘扬传统孝德文化，现有会员5万多名。

2020年，面对突如其来的新冠肺炎疫情，赵林中敏锐地察觉到了即将造成的影响，第一时间成立疫情防控工作领导小组，亲自担任组长。一方面积极做好疫情控工作，另一方面积极做好复工复产复市，"两手抓、两战赢"。疫情期间，富润集团和职工累计为疫情防控捐款捐物160多万元，477名党员再次交纳179910元专项党费。"人民需要什么，我们生产什么"，3月初快速上马口罩生产线，生产口罩优先满足本地企业复工复产需求，同时服务医疗机构和学校复学，向当地卫健局、教体局捐赠口罩10万只。

赵林中怀着对党和人民的深厚感情，对社会的责任，几十年如一日，锐意改革，默默奉献，为经济发展和社会稳定做出重要贡献，不愧为一位优秀的共产党员和有突出贡献的企业经营者。

戴守华

戴守华

与改革同行

作为共和国的同龄人，青岛凤凰印染有限公司董事长戴守华经历了"文革"的动荡，经历了改革开放的激荡，也经历了新时代激励人心的变革和飞跃。丰富的人生经历和五年军营生活的历练，成就了他坚毅的个性、勇往直前的勇气和富于改革探索的精神，成为他在印染行业奋斗拼搏数十年的基石和动力。

历练与提升

——把人生的每一次磨炼都当成财富。在多年国有企业的管理过程中，戴守华用一个形象的比喻总结出当时情况下国有企业所存在的问题和症结，企业经营存在问题就像贫血，贫血有失血性贫血、再生障碍性贫血和缺铁性贫血，分别对应着管理问题、创新问题和干部队伍的问题。

作为中国三大纺织工业基地之一，1975年正是青岛纺织行业如火如荼的时候，从东海舰队服役回到青岛的戴守华成为青岛印染厂的一名普通员工，正式开启了他的印染生涯。从最基层工作做起，他认真对待每个岗位，每天下班带着问题去图书馆、研究所学习。凭着一股对工作的热爱和冲劲，他很快成为技术骨干，十几年间从普通员工成长为青岛印染厂厂长，成为当时青岛纺织行业内最年轻的厂长。

在任期间，戴守华把青岛印染厂下设的五七工厂打造成了改革开放初期企业发展的典型。这个员工大部分是残疾人和转业军人家属，缺产品、缺思路的工厂，连每个月每人30多元的工资都发不下来。经过一番大刀阔斧的整治，他引进人才，加强管理，改变经营思路和销售方式，一举扭亏为盈，淘出了第一桶金。以五七工厂的成功为契机，他带领员工搞"三产"，做出了青岛市第一家超市，搞外贸，把家纺产品出口日本。在改革开放初期，戴守华带着员工一步一步寻求发展的新机遇。

在青岛印染厂的25年间，戴守华练就了扎实的专业技术功底，积累了丰富的实践经验，形成了具有个人特色的管理方法和理念。同时，他深刻地意识到当时情况下国有企业所存在的问题和弊病，为解决青岛第二印染厂的问题打下了思想基础。

涅槃与重生

——最困难之时就是离成功不远之日。戴守华把在市场经济大潮中搁浅的青岛第二印染厂，变成了连续多年蝉联印染行业领先地位的凤凰印染，用他对印染的热爱和执着，绘就了一只色彩斑斓的凤凰，带着中国民族蜡染的旗帜，翱翔在非洲广袤的大地上。

2000年，戴守华临危受命，被安排到"市级特困企业"青岛第二印染厂。彼时，青岛第二印染厂刚刚改制，经营困难、管理混乱，基本处于半停产状态，四个月没发工资，人才大量流失，各类欠费近3000万元。

上任之初，他就意识到企业的根本问题在于大家的思想观念落后。了解情况后，他开启了大刀阔斧的改革，在公司内部大力推行"换汤、换药、换脑子"的三换工程，要求员工转变观念、重塑自我，彻底改变了计划经济下养成的"等、靠、要"思想，从"要我工作"变成"我要工作"，提高员工工作的主动性和积极性。他还建立了接待日制度，彻底解决了一大批长期积累的问题，化解了员工对企业的积怨。

同时，号召员工唱响"三首歌"：国际歌——从来就没有什么救世主，国

中国纺织工业联合会原会长杜钰洲到凤凰印染指导工作

歌——到了最困难的时候，西游记主题歌——路在脚下。在企业困难时期，"三换工程"和"三首歌"，稳定了员工队伍，凝聚了人心，为企业注入了活力。

在整顿企业的同时，戴守华全面分析了企业的现状，抓住机械化生产蜡染印花布的机遇，果断调整经营思路，淘汰老产品，确立蜡染布作为主导产品，全力进入非洲市场。这一战略决策的落地，彻底改变了公司的命运。在他的带领下，广大工程技术人员克服了资金和技术的短缺，自主研发设计机械蜡染产品工艺技术与设备，开创了民族蜡染工业化的先河。

自2001年公司开始盈利，到2003年筹建青岛凤凰东翔印染有限公司，再到2005年凤凰美昊公司转产蜡印，2007年收购青岛燕莎纺织印染有限公司全部股权，企业规模逐步扩大，实现年产蜡染布2亿多米，销售收入20多亿元，在非洲市场占有率达到20%以上，成为青岛地区最大的蜡染布生产基地。凤凰产品先后荣获青岛市名牌、青岛市著名商标、山东省名牌、山东省重点培育和发展的出口名牌。多年来，凤凰公司先后荣获山东省纺织行业优秀管理企业、全国纺织和谐企业、中国印染行业十佳单位、中国印染行业竞争力十强企业、中国纺织十大品牌文化奖等荣誉，被中国印染行业协会授予中国蜡染布研发生产基地。

戴守华本人曾荣获山东省劳动模范、山东省优秀企业家、中国印染行业企业文化建设杰出人物、中国纺织行业年度十大创新人物、第七届全国优秀创业企业家、全国纺织工业劳动模范、全国纺织企业管理终身成就奖、改革开放40年纺织行业突出贡献人物等多项荣誉称号，由他主导的多项科技成果获省市级和国家级科技进步奖。但是他看淡荣誉，并没有被荣誉所累，在企业管理中重视过程和结果，永远把今天当作新的起点，就像他所倡导的"创新只有起点，没有终点"一样，带领凤凰公司始终在路上。

转型与升级

——逢山开路、遇水架桥。十九大以后，我国经济发展已经进入了新时代，经济发展方式由规模数量型向质量效益型转变，面对新变化、新机遇、新时代，戴守华带领团队再一次踏上转型升级的征程，开启蜡染升级新时代。

在投身凤凰公司近20年的时间里，面对不断变化的市场形势，戴守华逢山开路，遇水架桥，紧跟党和国家的各项政策要求，部署落实企业发展战略，开创了凤凰公司发展的新时代。

2016年，为了响应青岛市政府对老工业企业退市进园的要求，戴守华果断做出了搬迁的决定，将位于青岛市区的青岛凤凰印染有限公司和青岛凤凰美昊印染有限公司的产能转移至青岛凤凰东翔印染有限公司。同时提前规划布局，在东翔公司没有添置新设备的基础上，实现了产能的有效转移。至2018年，东翔公司日产量达到80万米以上，有效利用了现有的土地和资源，实现了高质高效、集约化发展的目标。在搬迁过程中，公司出资7000万元用于安置职工，最大限度地维护职工利益，在一个月的时间内顺利完成了搬迁工作。

面对凤凰公司新的调整和新的机遇，戴守华提出"环保、质量、安全三条红线不能逾越"的要求，以创新发展为动力，以节能减排为抓手，深入实施流程再造，大力开展清洁生产、循环经济，不断淘汰更新落后装备，新上自动化、智能化装备，实现了老牌印染企业旧貌换新颜，打造出了一个现代化、自动化、智能化的绿色工厂。

以绿色发展作为企业可持续发展的基石——担任两届青岛市人大代表的戴守华，对环保的重视程度无人能及。他始终以高度的社会责任感关注环保，从"十一五"时期开始，他就把节能减排工作上升到企业发展的战略高度，提出节能减排是生命线，通过在企业内实施清洁生产，按照源头严控、中间严管、末端严治的原则，从控制总量、循环利用、资源再用等多层面入手，建立物料消耗的自循环、内循环和外循环三大系统，综合治理废水、废气。至今，凤凰公司的各项能源、资源消耗指标逐年降低，远低于国家行业标准，在行业内保持领先地位，在异味治理、污水处理方面更是达到了新的高度。2017年，凤凰公司与山东省纺织科学研究院等合作研发设计的净水宝工程，开创了印染行业带色废水治理的新模式。各项出水数据达到行业标准。

早在凤凰公司建立之初，戴守华提出的"质量兴厂、创新兴业"的管理理念，贯穿了公司发展的始终。面对日趋激烈的市场竞争，戴守华始终认为创新才是保证品牌旺盛的生命力的法宝，从凤凰制造到凤凰创造，公司走的是差异化创新的发展道路。凤凰公司拥有市级和省级两个技术中心，在戴守华的主持和推动下，每年用于研发的资金都在4000万元以上。仅2017年，凤凰公司就有八个系列十余个品种的产品投入市场，引起了市场的强烈反响。新产品的转化率达到10%以上。新产品的技术含量高，风格特色新颖，至今没有企业可以仿制。

戴守华对市场的感知和对创新的执着，赋予了传统蜡染产品新的活力。多年来，他大力引进人才，聘请韩国专业技术团队，将行业内新颖、科技、时尚的元素嫁接到蜡染产品中，实现了产品结构的多样化。他用近20年的时间实现了中国蜡染品牌在非洲的落地生根，并且用持续的技术创新、产品创新始终保持品牌的活力，打破了英国、荷兰在非洲市场的垄断地位。

自2016年起，戴守华大批量淘汰落后产能，把不符合产业要求的装备逐步淘汰，引进新型高效装备，提高资产和装备的质量，轻装上阵。他亲自研发设计的蜡染生产线流程再造项目荣获第二届纺织行业管理创新成果奖。在优化装备的同时，稳定提高产品质量，他从工艺操作入手，要求员工以工匠精神来对待产品，不放过任何细节。他亲自参加技术例会，要求工程技术人员对照问题，"照照镜子、红红脸、出出汗"，不能放过任何造成产品质量问题的因素。同时，他提出了"弘扬工匠精神、精准找补短板、实现高质量发展"的要求，在经济发展增速换挡期，高点定位、科学布局，为全面实现高质量发展奠定了基础。

中国改革开放永不停步。当前我国的改革开放正以更加深入、更加积极的姿态开展。始终与改革同行的戴守华，带领团队做好了继续深化、提升企业高质量发展的准备，踏上了改革创新的新征程！

PART 3

第三章

全国优秀纺织
企业家

王涛

王涛

星光不负赶路人

"父辈企业家关注的是技术、市场、经验，对自己这一辈的年轻企业家来说，我们更多的是去实现父辈没有、也不敢去实现的理想——把产业做深做专，做具备民族力量的世界品牌。"作为"创二代"，北京方圣时尚科技集团有限公司董事长王涛在企业发展中将考量的目光投向了如何强化团队战斗力、凝聚力。党建引领，为企业"强筋健骨"，锻造骨干团队的战斗力成为最为关键的选择。

扛起中国时尚大旗　创新有为

一直以来，纺织服装产业被人误解为"夕阳产业""落后产业"，身为"纺二代"的王涛却始终坚信，中国不仅是纺织大国，也一定会成为纺织强国、品牌强国，未来世界时尚在中国。所以留学后的他，毅然选择了回国创业，立誓要扛起民族品牌复兴的大旗，带领服装产业创新突围。

为了这个梦想，2006年，王涛只身一人赴京开始了北漂生活。之所以选择北京，是因为他认为，北京有着中国最好的服装产业资源，是时尚文化中心，得天独厚。"敬业、勤业、专业、创业"，成为他白手起家、苦干实干的写照，也是他创新创业的座右铭。

从原创设计到品牌定位，从全渠道营销体系发力到柔性产业链体系打造，从精细管理、以人为本到数字化转型……他像培育自己的孩子一样用心经营着方圣，即便是在行业发展遇到瓶颈以及市场竞争日趋严峻的形势下，都坚持"科技、时尚、绿色"的发展方向不动摇，加速创新链与产业链深度融合，实现了一个传统企业的绿色转型与科技腾飞。在他的主导下，公司不仅建立了绿色产业链生态组织、信息化供应链体系，还通过积极布局高端智能制造，实现了以信息互联和信息技术创新为依托的品牌运营生态体系建设，并形成了独具特色的所有权体制、管理体制、用人体制和企业文化。方圣集团各个子公司竞争合作、优势互补、良性互动，逐渐形成了以集群为形态的抱团发展态势，经营业绩连年攀升。

经过一系列创新发展，如今方圣已发展成为一个拥有20多个子公司、近4000名员工的现代化集团企业，拥有专利60余项，先后荣获北京民营企业科技创新百强、全国服装行业质量领军企业、3.15全国产品和服务质量诚信示范企业、全国百家质量诚信标杆示范企业，连续多年被评为中国服装行业100强。

积极践行社会责任　精准产业扶贫

王涛始终致力于社会进步与真善美的传播，他把推进股东、员工、客户、产业伙伴、环境与社会的和谐与可持续发展作为方圣集团的核心价值观与承诺。对此，方圣集团始终热心公益事业，勇担社会责任，积极参与国家"万企帮万村"计划等活动。

为积极响应国家"精准扶贫"号召，2017年，在王涛的带领下，方圣集团制定了《方圣时尚科技集团"十三五"精准扶贫实施方案》和精准扶贫目标，并成立精准扶贫办公室，开展多元精准扶贫工作，如定向采购扶贫。方圣集团结对内蒙古化德县、张家口崇礼区，以员工定向采购结对贫困村健康农产品的方式，持续有效进行精准扶贫。特色产业扶贫，方圣集团在西藏恰嘎村筹建脱贫合作社，帮助该村2019年4月实现了全面脱贫摘帽，并在内蒙古化德县签订扶贫车间，利用方圣集团自身产业优势，计划在1年内实现全部脱贫；捐资助学扶贫，2019年结对帮扶内蒙古化德县十所希望小学贫困学生，出资建立全国唯一服装设计类4A级培训机构——中国设计师协会培训中心，促进北京产业人才再就业，加快产业教育扶贫。此外，方圣集团还通过不同形式进行公益捐款捐

物，如多次捐助企业所在街道弱势群体，扶贫济困；和中国残联联合帮助残疾人，解决他们的生活和就业问题。

为回报社会，王涛结合家乡实际和企业发展优势，在家乡山东莒县投资建设了绮丽·创谷服装文化创意产业园，不仅践行了首都产业疏解政策，还带动当地6500多名农民工就业，利税过亿元，成为产业扶贫的典范。绮丽·创谷产业园先后被评为中国十大纺织产业园区、全国纺织产业转移试点园区，王涛被评为2018年全国纺织园区建设突出贡献者。

产业扶贫人才先行。为了培育人才，王涛先后和中国社会科学院、北京航空航天大学、北京服装学院等合作，开展"助贫、助学、奖优、奖教"等各项活动，以资助奖励为载体，搭建校企合作新平台，创新了人才培育新模式。王涛先后被中国纺织工业联合会授予中国纺织服装行业重教企业家、全国纺织企业诚信文化建设带头人等荣誉称号。

目前，方圣集团已累计向社会各界投入扶贫物资近1000万元。2017~2019年，王涛连续三年被中国公益节评选为年度公益人物，方圣集团连续两年被授予中国公益节年度责任品牌，并荣获2018年度特别公益致敬奖、2019年度社会责任优秀企业奖。

抗疫勇担当　做"最美复工者"

2020年疫情暴发后，得知防疫物资短缺时，王涛第一时间通过海内外资源和渠道，先后筹措了三批紧缺医疗物资驰援一线。

当工业和信息化部、中国纺织工业联合会专家组到方圣集团调研，询问能否改造生产线来满足紧缺的医疗物资时，王涛二话没说、当场应允，并保证企业防疫物资只捐不卖。事实上，方圣集团只生产传统服装，从来没有接触过防护服，想转产谈何容易。

但国家有难，匹夫有责。王涛对方圣集团下达死命令：要不惜一切代价，不计成本，一切以大局为重。果断将原本的服装订单延迟，由旗下凯文国际时装有限公司无条件加快落实医疗物资生产。一方面，努力克服原材料短缺、物流停运等重重困难，快速组织人力物力备战，一方面抓紧立项成立山东方圣医疗器械科技有限公司，并自筹600多万元，在短短几天内便实现了六条生产线的改造。

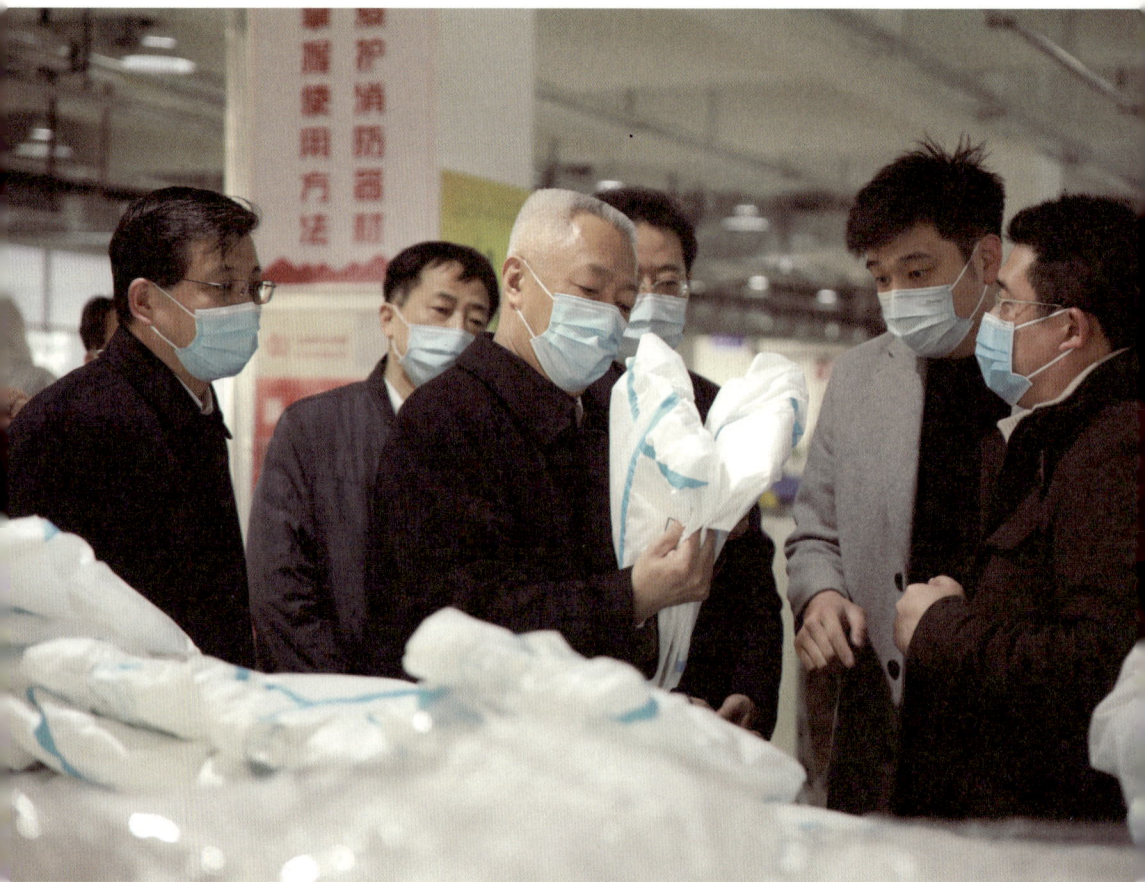

时任山东省副省长凌文调研指导方圣集团防疫防护物资生产保障和复工复产工作

正月初二，王涛和技术研发人员连续奋战了36个小时，成功实现了医用防护服、医用隔离衣标准化设计和样衣制作。为了保证产品质量，他还主动加压，让设计研发人员在满足国家标准的前提下，设计的防护服、隔离衣用料全部采用抗菌非织造布，全力保护好那群"可爱的人"。

技术问题解决后，职工们如何安全及时到岗，成为新的难题。受疫情限制，很多外地员工无法按时到岗，可生产又不能耽误！为了尽早复工，王涛又用公司和自己的私人车辆连夜将员工全部安全地接回厂。经过连轴大战，终于缝制、配料、修边、归类、整理……人员配置到位，整个车间生产井然有序、忙而不乱。这期间，他几乎忘记了回家，忘记了睡觉，整个人就像打了鸡血一样兴奋，却全然不知自己已经瘦了十几斤。因为他深知：时间就是生命。只要方圣集团多生产一件防护服，就会多一个人得到保护，防疫工作就会多一点胜利。于是，方圣集团的车间24小时灯火通明，加班加点，没有一个人叫苦喊累。

得知他生产的防护物资只捐不卖时，有人取笑他说："不盈利还办什么企业。"对此他不以为意。他一直对员工说："防护服虽然是'抢手货'，可以为企业赚取暴利，但我们不能发国难财。方圣集团的今天是社会给予的，而我现在做的不是生意，是一个企业应尽的责任。"

不仅如此，为了更精准地对接各地区的捐赠需求，方圣集团还专门开通了24小时捐赠专线，精准高效对接捐赠事宜。截至目前，方圣集团不仅将价值600多万元的6万余件医用物资全部捐赠，而且，防护服还出口迪拜等多个国家和地区，支援全球抗疫。王涛的事迹被央视新闻联播、人民日报等媒体多次赞誉为"美丽复工者"。

星光不负赶路人，昔日的北漂青年如今已成为全国优秀纺织企业家、北京五四青年奖章获得者……他却无暇回顾那些拼搏的过往，带领方圣人快马开启了下一个征程。

王臻

王臻

一个民营企业家的温暖底色

出生于20世纪80年代的鄂尔多斯资源股份有限公司董事长、总经理王臻，豁达自由，身上带着草原儿女特有的爽朗大气，既继承了父辈脚踏实地的作风，也继承了鄂尔多斯羊绒人对丰饶草原的"守护精神"。

初心：让世界知道，最好的羊绒在中国

出生于东胜这座北方小城的王臻，从小是在父母工作的羊绒衫厂里成长起来的，耳濡目染，她对于羊绒始终有一种特殊的情感。

1996年，王臻远渡英国开始了漫漫求学路。在国外，王臻就向周围人普及中国羊绒产业的发展情况和相关知识，成了同学中间的山羊绒专家。2005年，王臻拿到剑桥大学电子工程学硕士学位，她选择回国创业，暗暗下定决心要在中国羊绒产业振兴的道路上走出一片崭新的天地。

2006年，王臻决定打造一个全新的羊绒精品品牌"1436"，体现羊绒真正的价值，让大家知道世界顶级精品羊绒在中国。为保障品质的卓越，1436选用的是非常珍贵的周岁阿尔巴斯山羊身上直径细于14.5微米、长度36毫米以上的极品纤维。她聘请国际知名设计师设计，安排有着20年以上经验的优秀工艺师、

王臻聘请国际知名设计师负责 1436 的设计工作

工匠负责1436的生产制造环节。在严苛的标准与要求下，1436产品逐渐确立了在社会公众心目中的高端地位：入选中华国宾礼，多次承担国礼使命；成为北京APEC峰会领导人配饰专属制造商，成为联系中国与世界友谊的桥梁与纽带。

匠心：不断创新，给予羊绒新生命

2016年，王臻在对全国30个城市近5000名消费者进行问卷调查研究的基础上大胆创新，将品牌重塑为羊绒精品品牌1436、时尚羊绒品牌"ERDOS""温暖有爱"的"鄂尔多斯1980"品牌，面向都市年轻客群的"BLUE ERDOS"品牌，以及ERDOS KIDS童装品牌，通过鄂尔多斯家族五个品牌，更精准和差异化地服务不同的细分市场和消费者，引领消费者进入一种全新的生活态度和生活方式。

这是王臻进入鄂尔多斯集团管理层后在品牌建设上的大动作，也是将她对品牌建设的国际化视野与前瞻性的管理理念应用于集团品牌形象塑造工作的大胆创新。此外，王臻还邀请英国、日本、中国台湾等地的一线零售空间设计公司针对不同的品牌设计全新的门店，加快进入服装楼层和新兴渠道，进一步提升终端形象，形成了分品牌运营的销售体系以及线上线下协同的运营体系。

"不创新就没有未来""创新推动民企高质量发展""产业升级就是要在产业链的每一个环节去创新升级"……王臻不止一次强调"创新"的重要意义。在她的主导下，鄂尔多斯集团将创新提高到企业发展的战略层面上来，加大力度在智能制造领域、绿色可持续发展方面、数字化方面以及供应链等方面将创新精神发挥到极致，并付诸实践。她多次强调：为了实现经济的绿色高质量发展，以技术创新来带动产业升级将是产业发展的必由之路。

责任心：不负企业、不愧行业、不辱使命

作为一名优秀的年轻企业家，王臻的责任心是立体而有层次的。

出于对集团的责任心，她在进入集团工作后，以对品牌建设的国际化视野与前瞻性的管理理念进行了大刀阔斧的改革。以"绒耀新生"品牌重塑让鄂尔多斯这个诞生于20世纪的民族品牌在时代潮流中重新焕发光彩。

出于对产业的责任心，在引领品牌时尚发展的同时，王臻深知"共同进步才能走得更长更远"的道理，作为行业领头羊，她带领公司不断完善、优化整个羊绒产业链的每一步。保护原材料，制定行业标准，率先将可持续、绿色

王臻用爱心与温暖见证了一个民营企业家最真实的底色

"智"造纳入企业战略等，这些无一不是带动全行业共同正向发展的有力举措。

出于对国家和社会的责任心，王臻热心公益事业，救灾减灾、扶贫助困、捐资助学、惠农惠牧、环境保护等多措并举，认真履行社会责任。除作为内蒙古自治区人大代表参与社会事务外，她还兼任鄂尔多斯市工商联兼职副主席、鄂尔多斯市妇联兼职副主席，尽职尽责，主动作为，确保高质量履职，在地方经济发展、产业振兴、推动妇女事业方面不遗余力，建功立业。

恒心："可持续"的不仅是自然生态，更是百年基业

在引领品牌时尚发展的同时，王臻深知保护"绿水青山"的战略意义，她带领公司全体员工积极履行可持续发展责任，引领行业健康发展。

早在品牌1436创立之初，王臻就着手对阿尔巴斯山羊进行保护。实际上，她对于羊绒的思考不仅局限于将其视为自然资源，还强调羊绒的情感价值。

2017年，王臻将"可持续"进一步确定为鄂尔多斯集团的发展战略目标，并制定了相应的行动计划。在多数服饰品牌尚未实现自有化产业链上下游管控，更无暇顾及"可持续时尚"的情况下，鄂尔多斯集团不仅拥有从源头到终端的全产业链自有化，更在此基础上，在羊绒、草原、服装、消费各个环节实现了"可持续"全链路的实践。

2018年，集团在国内率先开启了可持续发展战略项目，发布实施《ERDOS WAY》。这是一项覆盖供应链、品牌、员工各层面的战略行动计划，秉承全产业链及全生命周期绿色发展理念，系统性地规划和实施可持续发展战略。从牧场建设、可持续生产、可追溯羊绒、再生羊绒等方面持续努力，致力于可持续负责任的时尚。

2019年，鄂尔多斯集团加入国际权威的可持续时尚环保组织GFA，并积极参与到该组织的全球范围可持续行动中，如参与哥本哈根时尚峰会、相关圆桌会议、探讨行动纲领等。同时，鄂尔多斯集团始终秉持强烈的社会责任与企业责任，不断创新可持续实践、参与国际议题讨论、分享相关行动与经验，与更多企业、组织一起探索可持续发展之路。并将在未来继续贡献自己的力量，以期共同推动时尚行业的可持续发展。

王臻，就是这样一个真实、自然、温暖而自信的女企业家。她用青春与奋斗唱响了"绒耀世界"的主旋律，用传承与匠心谱写了羊绒产业振兴的新篇章，同时也用爱心与温暖见证了一个民营企业家最真实的底色。

刘子斌

刘子斌

纺织强国逐梦前行　变革时代担当作为

在很多人眼中，纺织业是典型的劳动密集型"传统产业"，被打上了"微利行业、汗水经济、低附加值制造业"这些传统的印象标签。然而在董事长刘子斌的带领下，鲁泰纺织股份有限公司用自己的方式演绎了传统行业的华丽转变，用实际行动演绎了创新创造的无限内涵，"科技、时尚、绿色"的行业新特征在鲁泰得到充分体现。

在鲁泰的发展壮大中，刘子斌推动实施了"提质增效"和"全面国际化"战略；牢固树立"创新品种、提升品质、打造品牌"的理念，以品质和服务赢得客户，不断提高公司的产品质量、服务质量和经营质量；建立了以国际标准化管理体系为基础，卓越绩效管理、丰田生产方式为提升，独具特色的鲁泰生产方式（LTPS）；打造了"双四位一体"的创新体系和"一室、两站、四中心、五基地"的技术研发格局；确立了用文化打造品牌，用品牌传承文化的企业品牌模式；弘扬"工匠精神"，构建了以热爱员工为主旨，绿色发展、和谐发展、可持续发展的企业文化。

在刘子斌的带领下，鲁泰发展成为目前全球最大的高档色织面料生产商和国际一线品牌衬衫制造商，拥有从纺织、染整、服装生产直至市场营销的完整产业链，在中国、美国、意大利、印度、越南、柬埔寨、缅甸7个国家设立了12家控股子公司、3个办事处和40多个生产工厂，成为集研发设计、生产制造、营销服务于一体的产业链集成、综合创新型、国际化的纺织服装集团。鲁泰生产经营业绩长期位居全国纺织行业前列，被认定为国家级工业设计中心、国家级企业技术中心和高新技术企业，先后获得全国五一劳动奖状、国家科技进步一等奖、全国质量奖、中国工业大奖、制造业单项冠军示范企业等荣誉称号。他个人先后获得国家科技进步一等奖、全国劳动模范、全国纺织工业劳动模范、全国优秀纺织企业家、全国质量奖、山东省省长质量奖、山东省劳动模范等荣誉。

切实融入"一带一路"建设　持续推进全面国际化战略

为带领鲁泰更好地发展，刘子斌提出了"全面国际化"战略，持续围绕市场和客户需求，充分利用国际化资源，从原料采购、研发设计、生产制造、市场开拓、营销服务等全方位实施有效的产业布局。

一是打造中国+欧洲+美国的鲁泰"大设计"平台。以荣获淄博市首家"国家级工业设计中心"为契机，立足全球时尚前沿，通过鲁泰美国纽约公司、意大利米兰办事处的平台优势，关注时尚趋势，探索新型材料，调研市场需求，形成以面料为主体，以服装为载体的鲁泰大设计，最终实现产业链上的主导权和价值链上的话语权，实现制造由OEM向ODM和OBM的转型升级。

二是打造中国+东南亚的"大制造"平台。在刘子斌的大力运营下，鲁泰在越南、柬埔寨、缅甸的五大海外生产基地全部投产，生产经营管理各方面工作逐步进入正轨，成为鲁泰高质量发展的重要引擎。

以科技创新为引领　坚定推行提质增效战略

没有夕阳的行业，只有夕阳的企业。作为传统纺织行业的"掌舵人"，刘子斌始终将科技创新作为企业转型升级的原动力，以创新驱动引领发展，提升发展的质效。

刘子斌视科技创新为企业的生命力，以先进的理念推动企业发展。作为智能化、数字化纺织的全球倡导者和践行者，鲁泰积极推进制衣智能制造、鲁丰

数码印花改造、集团模块信息化规划等项目和技改建设，瞄准互联网+先进制造业，探讨智能制造新思路，逐步由纵向一体化产业链向柔性个性化智能供应链转变。目前，鲁泰通过两化深度融合，全部生产流程实现了APS生产计划自动排产，整个色织布交期大大缩短。在刘子斌的领导下，鲁泰目前获得国家科技进步一等奖1项、二等奖3项。

走节能减排、绿色低碳之路　彰显优秀企业公民担当

刘子斌清楚地认识到，推进生态文明建设、促进绿色经济发展越来越成为社会发展的重要议题。他带领公司积极响应党和国家号召，努力构建资源节约型、环境友好型企业，致力于为员工创造一个优越的工作环境，为社会打造一个安全放心的良心企业。

在刘子斌的领导下，鲁泰通过了ISO 14001环境管理体系认证，成立能源管理中心；采用新技术、新工艺、新设备、新能源，坚持走低碳、环保、生态、节能之路，引导健康可持续的生活方式：印染废水大通量膜处理及回用技术、"半缸染色"技术、超级免烫衬衣、新型易清洁面料、自去污面料等技术和产品的使用与生产，大大减少了废水、碳等的排放，符合生态环保节能的发展方向。公司先后投资近3亿元，建成7个工业污水处理站、一个污水厂、一套中水回用系统，不仅对企业自身废水进一步处理，还承担了淄川区城市污水处理的任务。为实现水资源循环利用，公司投资建设中水回用项目，所产中水各项水质指标优于染色用水水质指标。这不仅有利于企业的发展，对减少当地的水资源消耗也具有积极的作用。

积极践行社会责任　保障地区社会民生发展

在实现公司发展的同时，刘子斌十分注重参与慈善事业，把参与社会公益、履行社会责任作为企业回馈社会和员工的重要组成部分，将"济困、支教、助学、赈灾、敬老、社区支持"确定为重点支持公益领域。多年来，鲁泰累计投入3亿余元用于"济困、支教、助学、赈灾、敬老、社区支持、环境保护"等社会公益活动。

截至2020年，刘子斌个人及家庭累计捐款1500万元用于当地敬老爱老事业。同时，在刘子斌的倡导下，鲁泰累计捐款近200万元用于支持淄博市老年聊斋俚

刘子斌获全国劳模留念

曲，既保护了传统文化，又丰富了老年人的业余文化生活。刘子斌还注重捐资助学，支持教育事业发展，在淄博淄川建有鲁泰洪山小学、鲁泰幼儿园，保障当地适龄儿童就学；设立鲁泰纺织奖学基金、鲁泰纺织助学基金、教育发展与建设基金，对品学兼优或者家境困难的学生进行捐赠，每年还对子女考上大学的员工发放奖学金；与青岛大学、山东理工大学等学校联合办学，探索双元制办学模式，致力于人才培养，实现智力帮扶；带领鲁泰于2010年、2017年共计捐资600万元用于纺织之光科技教育基金，支持纺织行业教育发展。在抗击利奇马台风及新冠肺炎疫情的活动中，鲁泰第一时间捐款捐物，为地区抗灾提供无私援助。刘子斌率先垂范，以身作则，以实际行动影响了广大鲁泰员工，自2004年以来，鲁泰全体员工持续参与"慈心一日捐"活动，合计捐款近5000万元。善行善举在鲁泰蔚然成风，在刘子斌的言传身教下，鲁泰俨然成为实施善行的舞台，鲁泰人正用实际行动传递着真情和温暖。

"十四五"规划的新篇章已经开启，充分发挥企业家精神，带领鲁泰始终坚持绿色环保可持续的发展理念，为世界创造健康环保纺织品，为纺织强国梦和中华民族伟大复兴梦不遗余力，这是刘子斌矢志不渝的初心，也是不曾褪色的承诺。

刘子斌为一线员工颁奖

苏建军

苏建军

创新管理模式 打造百年企业

　　作为一名从事三十多年纺织工作的纺织人，德州仁和恒丰集团公司董事长、德州恒丰集团名誉理事长苏建军兢兢业业，敢于创新，善于协作，乐于奉献，追求多方仁和共赢、推动产业升级转型的仁和梦。他带领着入不敷出的德州第二棉纺厂从亏空状态成功转制，成立了德州恒丰集团。他遵循科学先进的企业管理理念，创新了德州恒丰集团独具特色的发展模式，打造了以价值传递为核心的六大实效管理体系架构，缔造了定位高端、研发带动、同业协同、产业链研发、整体联动的集团管控模式。

打造好团队 是企业走向辉煌的最有力保障

　　德州恒丰纺织有限公司是1981年建厂的老企业，走过40年风风雨雨，恒丰管理人员历经纺织企业几次波动起伏的洗礼，积累了丰富的经验。整个团队在抗风险能力不断增强的同时，也铸就了强烈的责任感和使命感。他们和企业一起不断发展、不断创新、不断改变，一次次共渡难关。

　　2008年，德州恒丰纺织由国企改为民营企业，改制之初，企业面临着1.6亿元的负债，资产负债率高达150%，2800余名员工的生存急需解决，加上突如其来的金融风暴，更是让恒丰雪上加霜，企业面临生死选择。

关键时刻，以苏建军为首的领导班子决定以发展的思路解决问题，发动广大员工集资入股建立了第一家私营企业——陵县恒丰纺织品有限公司，从此踏上了创业之路。

为了更好地规范和提升恒丰管理模式，打造企业文化，建设优秀团队，提高团队的统合综效，2011年9月，德州恒丰集团正式成立。在艰难的创业过程中，苏建军带领恒丰团队再一次经过共同的打拼，建立了深厚的友谊，彼此间的合作更加默契。实践证明，恒丰管理团队是一支不畏艰险、拼搏进取的团队。

为了增强管理团队的整体素质，苏建军要求企业定期开展理想信念教育，加强纪律意识，开展党员和管理人员"十二种意识"教育，管理人员"十项守则""四个勿忘四个禁忌""十个不要"等思想教育，提高中高层管理人员的思想觉悟，形成共同信念。

集团成立以来，中高层管理人员从180人增加到432人。中高层管理团队思想统一、步调一致，在共同的理想和信念下，充分发扬团结拼搏、永不言败的恒丰精神。

灵活和谐的管理机制　增进企业稳健发展

像恒丰集团这样的组织形式在纺织行业并不多见。德州恒丰集团下辖8个事业部和1个集团公司，共41家理事单位，分布在山东、新疆、宁夏、四川、云南、广西、广东七个地区，目前拥有员工21200人，总规模320万纱锭、2000台喷气织机、23条服装生产线、8条羊绒生产线，是集新型纱线面料研发与生产、纺织贸易、仓储物流、管理咨询和商学教育于一体的大型企业集团。

企业实行经营权和管理权分离的方法，新建公司由股东大会通过决议申请加入德州恒丰集团，成为集团理事单位，德州恒丰集团在各公司董事会授权下，代表各公司董事会对各公司经营者的经营管理进行具体的监督监管，而下属各公司之间独立结算，自负盈亏，这样可以协调各公司运行，统一团队目标，优势互补，提高竞争力。

通过这种形式，恒丰集团可以有效对各公司进行评价、服务与协调。同时，强化了对经营者的监督监管，促使经营者严格按照股东大会通过的各项决议进行公司运营，虽然41家理事单位各自独立运营，但却紧紧围绕着集团，在集团

的统一下，形成富有凝聚力的有机组织。

准确定位企业战略　打造企业核心竞争力

德州恒丰集团在企业管理上的创新做法之所以能够取得巨大成功，战略管理是有效的支撑。苏建军带领德州恒丰集团实行以客户价值和消费者利益为核心的蓝海战略工具，投资5000万元建立了省级企业技术中心，把集团技术研发的顶尖人才聚集到一起，第一时间让客户看到从原料到布样的效果，提供定制服务。

2021年，企业申报的"山东省新型纱线及面料创新中心"成功通过验收。作为山东省纺织服装行业的"样板"，德州恒丰集团成立了山东恒丰新型纱线及面料创新中心有限公司，打造以山东省新型纱线及面料创新中心为平台，以山东新型纱线及面料产业联盟为纽带，建立"公司+联盟"的运营模式。

该平台将通过打造核心技术攻关与共性技术协同创新平台、知识产权服务与推广平台、人才公共服务平台、投融资服务平台、国际合作交流平台、检测研发服务平台等六大平台，建成集共性关键技术研发、成果转化、人才培养、国际交流和产品检测服务等功能为一体的综合性创新平台，为纺织产业转型升级提供有力支撑。

积极践行提质增效　实现企业创新发展

管理一个大家庭可不是件容易的事。对于德州恒丰集团这个庞大的综合体，如何有效地进行集团内各理事单位间的业务交流和资源整合是苏建军诸多工作的重中之重。经过深入研究，他和领导班子带领集团建立了质量内控管理、大宗物资采购、信息化管理、财务管控、人才培养、企业文化六大实效管理体系，共同开展技术研发、大宗物资采购、资金协调、财务审计、市场调研、内部管理、企业文化建设、后备人才培养、法律事务等工作。

在质量管控方面，集团内各企业以客户价值为核心，以品质高且稳定为标准，打造了内控质量标准和管控体系，促进了各公司产品质量水平的提升；在大宗物资采购方面，通过实行大宗物资统一采购，在明显降低成本费用的基础上，又能有效保证产品质量的稳定性；在信息化管理方面，通过四大平台三大系统的实施，一方面提升管理水平，提高精细化管理程度，另一方面在经济

苏建军号召全公司充分发扬团结拼搏、永不言败的恒丰精神

效益方面明显增加，德州恒丰集团被中国纺织工业联合会与工信部信息化推进司联合授予纺织行业信息化改造提升试点企业称号；在财务管控方面，集团资金由财务中心统一调度，既能满足各公司正常资金运转，又能有效解决企业的临时资金需求，同时，集团审计处定期对各理事单位做好财务审计，提出工作建议；在人才培养方面，企业关注员工绝对成长，提出了"生产了不起的产品，培育了不起的员工"的育人目标，构建了独具特色的员工成长六大通道；在企业文化方面，文化是支撑企业不断前进的精神原动力，也是德州恒丰集团实现有效管控的重要支撑，打造了以"恒丰仁和、仁和恒丰"为核心理念的恒丰文化，倡导"感恩做人，用心做事"的行为理念，追求"快乐工作、幸福生活"的工作理念。

如今，德州恒丰集团创建了独具恒丰特色的实效管理模式，形成了规范化、高效化、持续化运营的企业生态循环体系，为纺织企业管理创新提供了"恒丰

经验"。在多年的打拼中，苏建军先后荣获第二届全国优秀设备管理工作者、中国纺织工业联合会五一劳动奖章、第四届管理创新成果主创者、全国纺织产业转移突出贡献奖等荣誉称号。成就固然引人艳羡，其后的辛苦只有他自己最清楚。在以人为本的企业文化引领下，苏建军在企业危急之时挺身而出，迷茫之时拨云见日，快速前行中冷静思考……"恒丰是为仁和，仁和才能恒丰"，很难说得清是苏建军成就了恒丰，还是恒丰成就了苏建军。苏建军带领着恒丰人不懈奋斗、砥砺前行，成为纺织强国的重要推动力量。

杨南

杨南

勇攀高峰　敢为人先

作为一位拥有专业技术和丰富市场经验的老纺织人，杨南从不故步自封，为实现可持续发展，他带领无锡市金茂对外贸易有限公司以"以客户至上、信誉第一"为宗旨，秉承"科技、时尚、绿色"的产业定位，扎实践行改革与经营并肩，服务与创新并驱，质量与效益并进的指导方针，在二十多年的发展中，不断学习，与时俱进，坚持自主设计开发、精益管理，以创新和精益为企业腾飞的两翼，创建全球纺织供应链，实现企业不断超越。

凭着敏锐的市场洞察力　他敢闯敢试敢为人先

杨南，深耕纺织四十多年。1973年起，他先后在无锡市第二针织内衣厂、无锡市第五色织厂、无锡市江南色织公司工作和学习，积累了丰富的纺织专业知识。1993年，杨南作为无锡市金茂对外贸易有限公司创始人之一，开启了纺织品外贸之路。跟大部分外贸和出口企业一样，金茂从纺织面料出口起步，客户也是以中间商、代理商为主，但是随着业务的拓展壮大，客户和订单不稳定、缺乏自主性等弊端日益显现，并成为无锡金茂长远发展的制约因素。

杨南的英语是零基础，但是无锡金茂的客户是以欧美市场为主，他主动克服语言和文化上的差异，带着翻译频频出国拜访客户，每年飞行超30万公里，被大家称为"超人""飞人"。通过不断与客户沟通，他用真诚、果敢、决心，用过硬的专业技术、产品质量、优质的服务赢得了客户的信赖，同时不断积累客户资源，逐步将公司90%以上的客户定位为国际一流的零售商和品牌商，使公司的客户结构从根本上得到了改变，完成了客户结构的转型，也让企业对客户、产品和订单具有更多的自主权和掌控权。连续数年被客户评为全球最佳供应商、A级供应商等诸多殊荣。

20世纪90年代，随着国内生产要素的成本上涨，杨南意识到从世界产业链更迭的角度看，劳动密集型产业向东南亚国家转移已成为不争的事实，世界经济一体化的趋势日益显著，为应对严峻的国际形势和激烈的市场环境，谋求多元化发展，实现企业可持续发展，杨南已不满足于只在业务上做到国际化，更要在研发设计和生产制造上做到国际化，比同行提前一步想到要把研发中心、生产基地建到国外去。在拥有近200多家国内工厂和稳固的生产加工基地的基础上，杨南果断提出了"走出去"的发展战略。2001年，金茂从东南亚起步，先后在柬埔寨、越南、孟加拉国等地投资服装工厂、宠物用品工厂和办事处，实现了大批量产品在境外加工、境外出运。金茂在美国明尼苏达州成立PMJ美国有限责任公司，在得克萨斯州的达拉斯市建立JP填充物流公司，在美国纽约成立设计销售中心，在英国建立SDD设计销售有限公司等，不断完善全球供应链。

2014年，杨南又做出了"惊人之举"，决定在埃塞俄比亚投资大型绿色环保零排放的纺织服装生产基地。当时，一起赴东非埃塞俄比亚等国考察调研的有很多国内的企业家，其中不乏一些知名国企，大家对去埃塞俄比亚投资都抱着谨慎观望的态度。但是杨南以敏锐的市场洞察力，认为在埃塞俄比亚投资是可行的，是有发展前景的。投资考察的前期工作非常艰巨和忙碌，2014年9月，他在医院做完开刀手术仅一周，便不顾医生劝阻，缠着纱布，冒着伤口破裂的风险，连续坐十几个小时飞机，从中国飞往埃塞俄比亚首都亚迪斯再转机到阿瓦萨，多次和埃塞俄比亚与当地政府部门会谈项目进度。在他的坚持和努力下，项目终于在埃塞俄比亚南方省阿瓦萨市阿瓦萨工业园落成，成立了JP纺织（埃塞俄比亚）有限公司。项目计划总投资1.38亿美元，分六个阶段建设，第一期投资3600万美元建立全能色织厂，拥有年产1100万码的生产能力，在2017年全部投产，1.5期增加48台织机，年产能400万码，于2020年1月建成投产；第二

期建设年产能180万件衬衫的服装厂，厂区用地5500平方米，2020年初设备已全部安装到位，预计2021年建成后达到年产衬衫80万件，销售收入240万美元。

该项目作为最早响应国家"一带一路"倡议的重点项目，全部采用世界最先进的设备，污水做到了零排放，不仅带动了国内纺织机械、原辅材料的出口，促进了当地人口就业，更推动了埃塞俄比亚现代化工业的进程。埃塞俄比亚总理和各国政要多次参观走访该项目，誉为"埃塞俄比亚工业的一颗明珠"，认为这一项目为增进中埃合作和友谊做出了重要贡献。

以创新发展的思维　积极实现企业"双循环"发展新格局

"受新冠肺炎疫情影响，今年我们业务量来了个向下'大俯冲'。"61岁的杨南从未坐过过山车，可是2020年，在外贸行业摸爬滚打30多年的他却被迫"坐"了一次，他说："2020年前5个月，公司业务同比下降36%。我做了几十年外贸，从来没见过这么糟糕的情况。"

焦虑于事无补，恐惧没有出路，想生存唯有积极应对。在杨南看来，市场总是千变万化的，企业要生存，需要面对市场变化来调整企业的经营和研发方向。他抓住疫情期间家居服、宠物用品等日常消费品销量上升的机遇，发挥"专、特、精、新"的优势，把家居服、宠物用品不断做大、做精、做强，积极拓展市场份额，最终带领公司全年业务逆势增长，2020年销售额达3.86亿美元，比2019年增长24.06%。

面对梭织衬衫面料订单被大面积取消的局面，杨南在危机中看到了新的商机，根据国外市场的特点，他毅然决定"衬衫变口罩"。"2020年4月18日，美国CDC建议人们在集会中遮住口鼻，听到这个消息之后，我们就开始尝试改用衬衫面料做布口罩，再将布口罩出口美国。"杨南表示，当时只是一个尝试，但大家都没有想到，后来销量会这么大。为了适应市场需求，提高生产效率，杨南提议由无锡金茂自主研发建立半自动化口罩生产线，这一举措大幅提高了布口罩的生产产能。由于无锡金茂生产的口罩花型款式新颖，一经推出便在美国市场引起强烈反响，上架第一天销售量高达55万个。随着销售的火爆，无锡金茂再接再厉，继续开发新花型、新款式、引领时尚的布口罩，充分满足客户的个性化需求。2020年，全年口罩订单超过1亿美元，销售额超过8000万美元。

时尚布口罩不仅为无锡金茂的业务带来新的增长点，更是解决了很多服装工厂因为订单减少而造成的人员就业问题，把大家从困境中解救了出来。杨南的又一次大胆创新，让公司实现了逆势增长，更是推动企业转型升级再上新台阶，使企业向高质量发展前进了一大步。

2020年，新冠肺炎疫情在无意中改变了不同代际的生活习惯和消费需求。"过去面对面，现在是屏对屏，我们照样能把生意做好。"杨南说。为此，企业新开辟了600多平方米的办公区，全力打造崭新的虚拟面对面中心，运用MAXHUB分屏技术、线上直播、VR展示厅、3D动漫展示技术等新模式，在线上向客户进行展示、沟通交流。2020年，两届广交会都在"云端"举办，无锡金茂的新产品设计展示、经验交流等都充分运用了虚拟面对面中心的优势，得到了客户的认可，起到了很好的效果。

面对百年未遇的大变局，杨南再次以"被动应对＋主动谋划"的综合举措，积极调整企业发展布局，要求企业积极参与我国提出的以国内大循环为主体，国内国外双循环相互促进的新发展格局。他提出企业要以出口为主、内销外销双循环相互促进的新发展格局，不断加快拓展跨境电商、内销等多元化销售模式，通过与知名电商平台的合作，以及参加各类展会、网络直播等形式，探索新销售模式的可行性，不断加快内销步伐，提高企业的抗风险能力。

以强烈的家国情怀　用行动书写责任担当

杨南是一位有着强烈家国情怀、以实业报国的企业家，作为一名共产党员，他开拓进取、无私奉献、任劳任怨、淡泊名利，具有高尚的人格魅力。2016年，荣获无锡市梁溪区优秀企业家称号；2017年，荣获现代服务业领军人才称号；2018年，荣获无锡市劳动模范、全国优秀纺织企业家称号。

他认为企业是社会的组成部分，必须肩负起应有的社会责任，在他的带领下，无锡金茂把回馈社会作为企业的自觉行为。在疫情防控的特殊时期，企业及时调集和采购防疫物资，向埃塞俄比亚、欧美等国捐赠近80万只口罩和其他防护用品，为海内外提供力所能及的帮助，为全球抗疫贡献了一份力量。

他非常重视环境保护，倡导绿色、节能、互助的生产理念，努力改变纺织企业都是污染企业的固有观念，积极开发环保产品，追求资源循环利用和废物治理，要求所有工厂全部使用污水处理净化系统，坚持使用可持续原材料，JP纺织埃塞俄比亚有限公司率先采用国际最先进的污水零排放技术，生产用水全

作为一名共产党员，杨南任劳任怨，无私奉献

部循环使用，没有一滴废水排放，印染生产中的污水均为零污染处理。企业有产品自检中心、实验室中心，实验室人员均需经过 AATCC 培训，通过 ITS、BV、SGS 的认证。企业所有产品均通过 OEKO-TEX 标准，实现了企业与社会环境的和谐发展。

"公司不是靠一个人，而是靠团队，靠员工。"杨南一直坚持把团队和员工作为企业的核心和最大的资本。由于员工来自世界各地，杨南尊重各地文化差异，秉承属地管理，谋求个人、企业、社会三方共同发展。管理企业多年，杨南至今没有独立办公室，他和员工一起坐在大办公室里，与员工打成一片。工作之余，杨南切身为员工考虑，在办公区外设立健身房、瑜伽室、哺乳室等一系列人性化休闲场所，让员工感受到家的温暖。多年来，在他的带领下，无锡金茂历练出一支创新能力强、凝聚力强、执行能力强、社会责任感强，具有奉献精神的优秀团队。

回顾企业的成长史，杨南如数家珍。从公司成立到年销售额达 1 亿美元用了 14 年，从 1 亿美元到 2 亿美元用了 9 年，从 2 亿美元到 3 亿美元只用了短短的 2 年，预计 2021 年突破 4 亿美元企业连续九年保持业绩持续增长。从蹒跚学步到稳健发展，无锡金茂的行业地位和影响力不断提高。问及企业保持稳步发展的秘诀，杨南的答案只有 12 个字——艰苦奋斗、与时俱进、创新求变。不论过去、现在还是未来，他带领着金茂人不忘初心，为实现"百年金茂"的美好愿景奋勇前行！

吴健民

吴健民

与时间赛跑　与时代同步

在2020年全民战疫的关键时刻，很多人通过电视屏幕认识了这位大胡子山东大汉——吴健民。1999年，时任山东省栖霞市经协委主任的吴健民，带着对时尚王国的憧憬，弃政从商，从路边的一个半拉子工程，开始了白手起家的创业路。经过20余年的发展，曾经名不见经传的小制衣厂已经成为集产品设计开发、生产、销售为一体的中国知名女装企业，并在国际市场持续升温。2020年新冠肺炎疫情暴发后，他又带着赤子之心，行走在逆行者的路上。

以衣为媒　打造阳光时尚王国

吴健民以衣为媒，打造了备受国内外市场瞩目的时尚服装品牌。创业之初，为解决有厂房无设备的难题，吴健民用重情守信打动了一家服装配套公司老总，争取到了价值200多万元的服装生产设备。他开始苦练内功，钻研技术，亲力亲为，逐步创建起了属于自己的"舒朗"时装品牌，走出一条自主创新的"六加一"模式时尚之路，即"产品研发、原料采购、仓储物流、批发经营、订单处理、终端零售"加"高度生产制造环节"的经营管理模式，不仅牢牢把控住了公司产品的价格决定权和市场话语权，而且最大限度地减小了成本增加和服装行业市场萎缩的不利影响，保持了企业的利润空间。

进入"互联网＋"时代，吴健民领导舒朗审时度势，在经济低迷的大环境下，利用现代信息技术和设备，对经营模式进行改造与升级，进一步拉动企业快速发展。2017年，令人瞩目的舒朗四期项目暨舒朗集团电子商务公司智能仓储项目终于问世，这意味着舒朗的生产规模及实力得到进一步提升，这是烟台开发区投入使用的重点工程项目之一，也是舒朗发展史上浓墨重彩的一笔。

疫情转产　舒朗创造抗疫速度

"疫情凶猛，对社会和商业造成严重影响，无人可以置身事外。但面对疫情，过分悲观无济于事。当下唯一的重点，就是在混乱的信息中迅速找到自己能做的和该做的事情。"吴健民说。2020年，面对疫情防控物资供应短缺的严峻形势，吴健民立刻中断休假回国，第一时间启动舒朗女装生产线转产医用防护服的工作。

不过，转产并不是如今用文字说说这么简单，作为一家大型时装企业，紧急转产防护服，对舒朗来说等于一切都要从头开始。"转产则厂房、资金、人手样样短缺，生产后一旦疫情消退，面对生产能力迅速过剩，企业又将如何存活？"回忆起最初决定转型时的心情，吴健民的笑容豪迈中不乏坚定，"国家的需要大于一切，我们需要一个紧急决策：抛开一切顾虑，让公司立刻转产医疗防护用品！"这时，吴健民果断立下"军令状"——"十天，建成日产25000件防护服的医疗科技公司！"激昂铿锵，气壮山河！

决定既下，吴健民迅速征召烟台市内的技术人员，严格按照国家药监局关于防护服的标准开始了技术研发。2020年1月31日成立紧急工作小组，2月2日立项建设现代化医疗公司——烟台舒朗医疗科技有限公司，专业研发、生产、销售卫生防护用品，2月4日，首批民用级防护服缝合下线，从有想法到落地，舒朗仅用了4天时间。舒朗生产的防疫物资源源不断地送到抗疫前线，成为防疫阻击战获胜的关键物资。

大爱奉献　不计成本为公益

2020年新冠肺炎疫情暴发后，吴健民通过应急局、妇联和红十字会等单位向湖北武汉、黄冈、孝感，山东烟台、德州、东营及重庆巫山等多个地区捐赠

了防疫物资。随着"复学潮"的到来，5月20日，吴健民代表舒朗集团再次向烟台市9所特殊教育学校以及多所乡镇学校捐赠10万只医用口罩，助力学校开展防疫工作，帮助学生安全返校复学。6月29日，向烟台市经济技术开发区捐赠10万只一次性使用医用口罩。随着海外疫情形势的恶化，吴健民向联合国工业发展组织捐赠KN95口罩，携手中华全国妇女联合会和中国妇女发展基金会向西班牙捐赠防护服10万套，助力全球抗击疫情。截至目前，舒朗共捐赠了防护服近40万套，口罩40万只，捐赠总额近5000万元。舒朗的捐赠善举不止于此，山东援鄂医疗队凯旋后，为表达对援鄂医护人员的敬意与感激，吴健民向白衣战士们捐赠了价值近百万元的时装，"把最好的衣服送给我们敬爱的医护工作者"。吴健民的爱心善举不仅为他赢得社会各界的广泛赞誉，而且获得了2020年抗击新冠肺炎疫情"全国三八红旗集体"这一荣誉。

这不是吴健民第一次慷慨捐赠，在成立舒朗之初，便给企业定下了"阳光舒朗"的理念。舒朗始终致力于公益事业的发展，用实际行动践行着一个企业的社会责任。2008年汶川地震，舒朗捐赠100余万元款物，并派志愿者援助一线；2013年12月15日，舒朗开展"大手牵小手，关注病患儿童"爱心公益活动，所捐衣物及善款以捐资人名义捐给红十字会，并及时跟进募款进程；2013年，雅安市发生7.0级地震，舒朗捐赠总价值1000余万元的救灾物资，在红十字会的监督下运往四川雅安；2013~2014年，舒朗连续两年赞助"思宇计划"凉山支教公益项目；2014年，通过"暖冬计划"向西部贫困地区的妇女儿童捐衣近万件，同年，向济南儿童福利院捐赠价值11万元的生活用品；2018年1月，舒朗发起"寒冬送暖，关爱女大学生"的爱心捐赠活动，向烟台大学捐赠价值16万元的舒朗时装，为女大学生送去温暖；2018年暑期，舒朗再一次与暑期支教"思宇计划"携手，助力志愿者暑期公益支教；2019年，为烟台开发区儿童福利院捐赠近万元衣物。每一次爱心捐赠，都彰显了吴健民关注公益事业、践行社会责任的大爱情怀。

立足当下　舒朗走向明媚未来

吴健民喜欢用"厚德载物、厚积薄发"来总结自己的抗疫经验。他说，当初看到大批工作人员和志愿者逆行一线，尤其是女孩子们无畏的身姿，令他深受感动。在"后疫情"时代，他开始超前规划企业的转型升级。疫情过后的当

舒朗集团五期项目举行奠基仪式

务之急是加快恢复经济，对冲疫情带来的下行压力。

2020年4月23日，舒朗集团五期项目举行奠基仪式。项目以智能化工厂为核心产业，并吸纳相关创新型生产线项目及技术合作，新增一个功能——卫生防护系统研发中心。项目建成后，将会增加一大批就业岗位，为带动烟台的经济发展和新旧需求动能转换注入持续动力。

"不管多忙，我总会抽时间到工地到处转转。因为是百年大计，必须格外强调质量。"吴健民表示，历经20多年的发展，舒朗正在开启转型升级的新篇章，产业结构将发生大变化，从单一的服装企业向多元化产业发展，开拓时装、医疗、军工三大板块齐头并进的多领域新格局。未来，舒朗集团还将积极布局"新基建"，设计赋能、科技加持，推动智能化生产在各领域的运用，进一步开拓国际市场。

汪维佳

汪维佳

为中国孩子造梦

十多年来，汪维佳凭着诚信的处事作风，踏实的工作态度，创新的经营理念，在竞争激烈的国际服装市场中独辟蹊径，带领企业稳步前行。

特色品牌拓市场

2003年春，汪维佳回到家乡平湖投资创办企业，那时，如今的浙江依爱夫游戏装文化产业有限公司还称为浙江依爱夫纺织有限公司，是一家专门从事欧美游戏装贴牌加工的公司。然而，这样的模式刚开了个头，汪维佳就发现了问题，贴牌生产的企业很被动，没有主动权，尽管当时国外销售市场形势不错，但想要长远发展，企业就必须独立，不能完全依赖别人的品牌。

依爱夫成立的第二年，汪维佳就开始组建设计研发团队，参与研发或独立开发游戏装产品，公司每年在创新技术、创新管理方面的投资，约占企业产值的4%~5%。有了创新，企业就迅速转到了ODM和OBM并存的阶段，并获得了快速而又稳健的成长。

鉴于游戏装国内外消费群的观念不同，汪维佳提出了一种可用于生活中穿戴的游戏装新品——伊佳林儿童生活游戏装，这种品牌新概念拉开了与传统童装的差别，也通过融入文化、创意、时尚、新潮的内涵，使之在童装市场成为一枝独秀。这是国内第一个提出生活游戏装概念的儿童服饰品牌，品牌以创新、独特、优质、环保而获得消费者认可，受到了国内市场的广泛认可，市场占有率不断攀升。如今，品牌伊佳林已是中国十大童装品牌，并获得了中国童装最具文化创新奖、浙江省著名商标、浙江名牌产品等荣誉。

严守质量铸典范

正如依爱夫的品质口号——精益求精，做铸造品质的典范。汪维佳强调，产品要出口，要代表中国走向世界，要让品牌站得住脚，最重要的一点就是要保证产品的质量。所以，她引进了欧洲一整套科学缜密的管理制度和质量保障体系，并在2005年，决定成立依爱夫专业检测中心，这个中心有着预防、把关、监督、反馈四大工作职能。经过十多年的发展，专业检测中心由最初的十几平方米，扩展到现在的2400平方米，这在中国童装行业尚属首例。

这个专业检测中心不仅有世界先进的检测仪器，更有专业的检测技术团队以及经验丰富、熟悉国际标准的实验室管理人员，它保证了公司多年来在国际市场上没有任何一起关于产品质量的投诉，连续十多年产品的质量抽检合格率为100%。如今，检测中心已经完成了CMA和CNAS认证，目前作为第三方实验室，为全市、全省乃至全国各地的纺织、印绣花、箱包等企业提供近60多项检测及各种检测标准和检测方法的咨询服务。

创新模式谋转型

通过多年的努力，依爱夫进入稳定发展期。下一步如何发展，2010年在杭州国际动漫节的伊佳林新品发布会上，汪维佳提出了"伊佳林开心梦工场"的构想，这是一种全新的体验式消费模式。

2014年，公司成功开创全国第一家以情景变装为主要特色的"伊佳林开心梦工场"。作为传统产业转型升级的一个突破口和品牌经营的一种跨界融合的有益尝试，促进公司从童装设计、生产、销售，向儿童文化创意产业再次转型升级，使公司从单纯的服装品牌营销向品牌文化乃至健康的儿童生活方式推广和实践，对加强产品创新、提升价值链有深远影响。同时也使公司完成了从低价值链的工业生产到高附加值现代文化创意产业的跨越和结合，形成了童装产品

的生产和销售、服装文化的宣传和体验的新途径，形成转型发展和优化升级的良性互动局面，完成涉足转型文化创意产业发展的创新。

梦工场作为全国首创的"体验式消费模式"，受到各级领导的重视和关心，并对这一创新模式给予了充分肯定和高度评价。

如今，开心梦工场以"情景变装·文化运营"为经营理念，在平湖、宁波、湖州、无锡、台州、南京、上海等地相继开业，平湖旗舰店被认定为国家3A级旅游景区、浙江省工业旅游示范基地、浙江省中小学质量教育社会实践基地，梦工场儿童室内游乐服务被评为浙江名牌产品。公司也以此为平台完成了"文化+旅游"的深度融合。2021年，梦工场平湖店被评为嘉兴市中小学生研学实践教育基地，通过游戏装展厅、现场参观、手工DIY、体能拓展等方式，有效地向学生展示游戏装文化，并针对不同年龄的学生设置了专属的课程体验，变身喜爱的IP角色，探索角色成长历程，培养学生的创新力、亲和力、自信力、活跃力、想象力。

文化创意助升级

当下全球步入文化创意产业蓬勃发展的时代，随着消费不断升级和互联网的迅猛发展，汪维佳认为，着力打造IP核心产品，满足消费者对美好生活的需求，是品牌发展的核心。汪维佳以敏锐的眼光，引导设计研发中心通过开发IP产品文化产业"供给侧"助推文化产业升级。一是打造北欧五公主，结合北欧五国真实公主人物和形象创作设计的IP形象，成功将西方文化融入服装，新颖的设计让人印象深刻，消费者对个性鲜明的五位公主各有所爱，一年来市场销售非常喜人；二是打造伊佳林中国公主系列。坚持中西服饰文化转化创新，不忘传统，吸收外来，面向未来，并赋予中国公主新的时代内涵和现代时尚的表达形式，展现中华民族独特的服饰文化魅力。

近两年，在伊佳林年度新品发布盛典上，把这种融合了北欧服饰文化和中华民族服饰文化的东西方公主形象，以大型服装发布会的形式展示给大众，受到了各界好评，伊佳林品牌从开始的时代跟随者逐步成为游戏装文化的开创者和引领者，以产品创新推动东西方文化无缝衔接，从而使品牌的竞争力、影响力有了显著提升。

另一方面，公司以国家大力发展文化产业为契机，致力于打造中国和全球知名的游戏装文化产业研发基地，逐步推进游戏装研发中心、游戏装文化体验中心、先进检测中心、专业制作中心和展示营销中心项目建设，着力完善产品研发、工艺设计、规模化生产、渠道营销、自主营销和品牌经营等环节的完整产业链条，形成了较强的核心竞争力，也确保了在游戏装文化产业的领先地位。

作为国家文化出口重点企业，依爱夫深入挖掘和整合民族服饰文化资源，设计了一批具有自主知识产权的民族服饰原创性产品，培育了一批具有国际竞争力的文化贸易产品，真正成为游戏装行业"走出去"的先行者，在"国际化"道路上率先摸索出了一套以创意设计优势融入全球游戏装文化的发展模式。

主导标准立标杆

在此之前，游戏装在制造和检验时，由于没有统一的游戏服装标准作为依据，造成产品质量参差不齐，产品检测方面长期无标可依。作为国内最早进入游戏装研发制作的专业公司，汪维佳早在公司成立初期就萌生了制定标准的想法，2012年，在汪维佳的推动和支持下，公司技术人员起草了标准《游戏服装》。2017年底，由依爱夫公司主持制定的国家标准《游戏服装》正式发布，这是世界首个游戏服装标准，也是中国服装业在国际游戏装标准化工作中的历史性突破，这对提升我国游戏装产品的国际竞争力、增强国际话语权具有重大影响。

智能制造破瓶颈

公司发展十多年来，销售收入稳步提高，公司产品需求增长迅速，汪维佳意识到面对产品需求旺盛的良好机遇，若公司产能不足问题不能及时解决，对公司经营业绩的持续增长将产生不利影响。另外，为了适应时代的发展，积极响应国家号召，公司积极主动开启服务型制造的转型之路。

依爱夫智能分厂于2016年开始建造，自动吊挂流水线已经投产，相较于普通流水线，自动吊挂流水线的优势极为明显，它集合了自动化传输，芯片智能跟踪，信息自动识别，数据自动统计，产品智能分拣等特点。智能吊挂流水线将迅速提升生产效率，解决客户订单量逐年快速增长带来的产能瓶颈问题，进一步发挥规模经济优势，增强企业盈利能力和竞争实力。

企业文化聚人才

汪维佳坚持"以人文本"的管理理念，公司工会每月召开一次职工代表大会，广泛听取来自生产一线员工的意见和建议；她将每月的15日定为董事长接待日，专门倾听员工遇到的困难和问题；她成立母婴室，关爱哺乳员工，现在，依爱夫母婴室已进入国家级母婴室试点名单之列；她还创建了"依爱夫之声"广播节目，创办了《依爱夫企业报》，支持设置员工谈心室，这些都是能让公司员工互通信息、表达心声的平台，更是员工减负释怀的情感驿站，也增强了员工队伍的向心力。尤其是"依爱夫之声"广播节目，在员工中有很高的声望，受到全体员工的一致好评。

同时，汪维佳提倡在车间和食堂内设置意见箱，方便员工提意见或建议，这些意见和建议达到了"双赢"的效果。她说，公司有1000多名员工，公司不仅要管他们温饱，还要让他们愉快工作。所以在依爱夫，公司活动丰富多彩：演讲比赛、拓展训练、春季运动会、文艺汇演、旅游季、新春联欢晚会等活动贯穿全年，有序开展，既丰富了员工的企业生活，也让依爱夫这个大家庭更加团结，更有凝聚力。

此外，每年的义诊活动、专家健康讲座，赢得了广大员工的赞扬，纷纷表示要把企业关怀员工健康的举措化为努力工作、勇创佳绩的实际行动。

除了丰富的企业文化，汪维佳在巩固人才建设的基础上，不断调整人才发展战略，进一步加强人才梯队建设，大力培养具有创新意识的综合性人才，增强实现公司"十四五"规划的软实力，为企业持续健康发展提供强大的人才保障，她被评为中国纺织行业人才建设突出贡献奖，依爱夫公司被评为中国纺织行业人才建设示范企业。

情意拳拳报桑梓

在做好企业的同时，汪维佳不忘回报社会，先后承担了中国侨商联合会副会长、中国玩具和婴童用品行业协会副会长、浙江省侨商会副会长、浙江省服装行业协会副会长、浙江省女企业家协会副会长、浙江省侨联海外委员、浙江省政协港澳台侨代表人士、嘉兴市政协港澳台侨代表人士等社会职务，带领公司助力家乡建设，提供上千个就业岗位，带动地区内上百家印花厂、面料厂、辅料厂、服装企业共同成长。

　　同时，汪维佳特别注重以感恩之心回报社会，主动参与社会公益活动，积极履行社会责任。在伊佳林开心梦工场成立后，她以梦工场为爱心公益平台，为有需要的孩子提供帮助，举办了"温暖接力，爱心捐衣""捐衣赠票"等活动，倡议当日在伊佳林开心梦工场游玩的家长与孩子也参与爱心捐衣，从小培养孩子热心慈善的意识，对于参加捐衣的孩子，由开心梦工场赠送入场券。多年来，汪维佳心系家乡发展，积极参与捐款资助烈士家属、向全国灾区捐款赠物、赞助暖春助学爱心活动、新农村建设、五水共治活动等，依爱夫被授予中国儿童慈善突出贡献奖，这是对她和依爱夫积极参与公益慈善的高度肯定。

　　认真学习、积极创新、敢于拼搏、热忱奉献……汪维佳身上集合了一个优秀企业家的品质和精神，她在不懈奋斗中赢得了全国优秀纺织企业家、中国服装行业年度人物、中国纺织行业人才建设突出贡献人物、浙江省优秀企业家、浙江省十佳浙商女杰、浙江省诚信浙商、浙江百强创新女杰、改革开放40周年巾帼浙商、嘉兴市荣誉市民、嘉兴市十大优秀民营企业家、嘉兴市十大女性创业风云人物、嘉兴市十大转型升级风云人物、嘉兴市十佳最美侨商、嘉兴市侨界十杰、嘉兴最具社会责任感民营企业家等诸多荣誉。在她的带领下，企业先

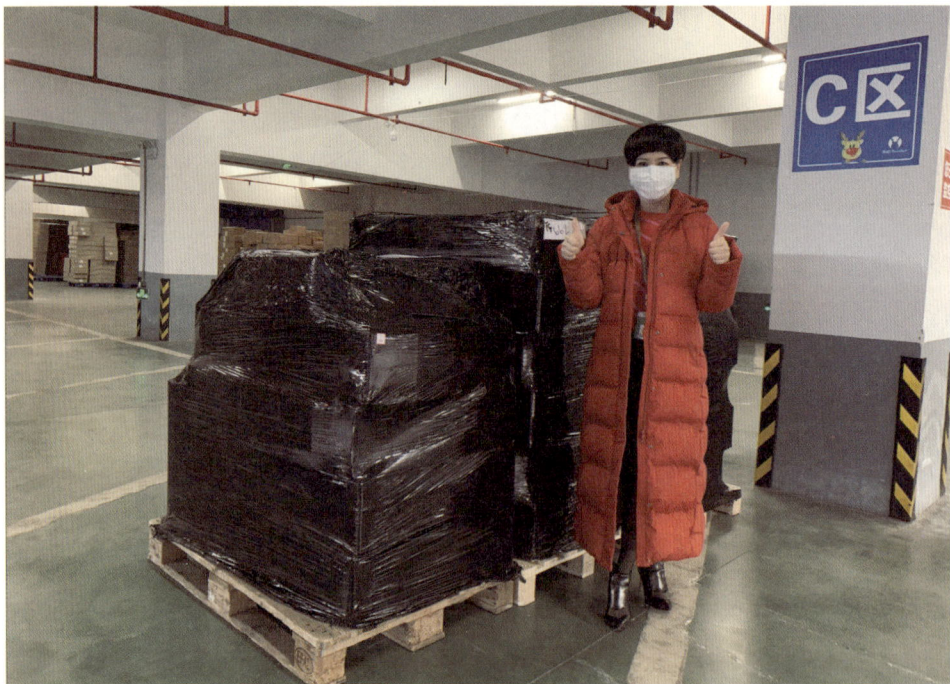

汪维佳把来自瑞典的口罩捐给地区疾控中心

后被评为国家高新企业、国家文化出口重点企业、国家级绿色工厂、TJPA 中国制造升级奖——跨行业升级示范企业、中国儿童慈善突出贡献奖、全国模范职工之家、全国标准化工作先进单位、全国童装行业质量管理先进单位、中国纺织行业人才建设示范企业、中国质量诚信企业、浙江省专利示范企业、浙江省商标品牌示范单位、浙江省文明单位、浙江省创建和谐劳动关系先进企业、浙江省企业文化建设示范单位、浙江省出口名牌企业、浙江省工业旅游示范基地、浙江省文化出口重点企业、浙江省工业设计中心、浙江省（第一批）服务型制造示范企业等荣誉称号。

2020年，新冠肺炎疫情暴发后，汪维佳第一时间通过多方联系在国外的渠道资源，积极筹集医疗防护用品，助力家乡防疫防控工作。同年，她又组织捐助华侨冬奥冰雪博物馆，汪维佳说："华侨冬奥冰雪博物馆是一次爱心集结，不仅将见证海内外华侨华人与祖国血脉亲情共襄奥运的荣耀，更是海内外中华儿女同圆、共享民族复兴'中国梦'的美好愿景。"桑梓情浓，初心不改。汪维佳身上有着浓厚的家国情怀，她对祖国有着深厚的"根"感情和强烈的使命感，她努力通过振兴企业为国家经济发展添砖加瓦，她想成为中国孩子的造梦人，她坚信祖国的明天会更加美好！

沈明

沈明

振兴中国绳业　铸就国际品牌

　　当人们聊起绳子，总会觉得它是一个不起眼的东西，然而沈明却带领鲁普耐特集团几十年如一日，倾注心血于这个狭小的领域，在这个行业内精耕细作，将绳网产业做到了国际领先的地位。

从小透明到单项冠军

　　2002年4月，沈明在岱岳区范镇工业园创立了鲁普耐特集团有限公司。创业初期，只有破旧的厂房和杂草丛生的车间，每天除了组织基建施工、设备订购、安装调试、员工培训等，他还要与客商谈判。他全身心投入厂区，每天工作超过16个小时，累了就在办公室的简易床上躺一会儿，饿了，就着咸菜啃个烧饼，硬是靠着一股拼劲，在不到半年时间里，就把各项工作带上了正轨。即便到了现在，办公楼最后一个熄灯的房间，仍然是沈明的办公室。"其身正，不令而行"，正是这种忘我的持续付出，感染了周围的人，共同推动鲁普耐特不断迈上新台阶。

　　鲁普耐特成立第二年，员工只有不到30人，沈明公开宣布了企业的使命和愿景。使命是"振兴中国绳业、铸就国际品牌、为人类提供安全放心的绳网产品"；愿景是"成为中国最专业、最齐全和最优秀的绳网研制商"。而当时几乎没人相信沈明提出的使命和愿景能够实现，但是凭借着对绳网行业现状和发展趋势的了解，沈明始终坚信鲁普耐特一定能够成为中国绳网行业的NO.1，也一定能够在国际市场上与著名品牌一争高下。为此，他带领团队不断提升产品质量、技术含量和企业管理水平，打造销售网络，迅速抢占国内外市场。在雄峙东方的泰山脚下，冲出了一匹敢于挑战欧美绳网国际品牌的黑马，给一向依赖进口的国内绳网业带来了一抹曙光，这就是当今驰骋国际绳网疆域的鲁普耐特。

当初规划的目标一步步变成了现实，那些原先对鲁普耐特不以为然的人也逐渐改变了态度，认可了鲁普耐特在中国绳网行业的领导地位。绳网行业本有个"绳网不过亿"的天花板，但是在沈明不懈的坚持下，力求发展，不断创新，鲁普耐特不仅打破了天花板，销售额达到人民币8亿多元，成为行业标杆。

经过沈明19年的心血倾注和精雕细琢，鲁普耐特已经从一个作坊式的小厂成为规模庞大、技术力量雄厚、产品种类齐全，集绳网研发、生产制造、机械装备研制、国际贸易、技术服务、绳网艺术及文化为一体的国际化综合性企业集团。目前，鲁普耐特是全球高端绳网集成化服务商、国家级高新技术企业、国家科技进步二等奖获奖单位、中国产业用纺织品行业协会绳缆网分会会长单位、中国纺织工业联合会标准化技术委员会副主任单位、中国绳网研发基地。连续三年合成纤维绳缆产量和出口创汇位居全国第一。

鲁普耐特下辖绳缆产业链中有4家企业被评为国家级高新技术企业，在泰安市建有两大产业园区，总占地面积500余亩，其中科研生产总建筑面积达12多万平方米。现有员工800余名，其中科技人员80余人。经过多年的建设与发展，鲁普耐特已经成为全球绳网产业的领跑者。

鲁普耐特研发生产的产品涵盖"绳、网、线、带"四大类别，其应用范围覆盖航空航天、军事装备、海洋工程、船舶舰艇、安全防护、消防救援、体育户外、交通运输、日用五金等36个领域，产品远销欧洲、美国、加拿大、日本、澳大利亚、南美、中东以及非洲等110多个国家和地区，与美国沃尔玛、罗氏、家得宝、塔吉特、乐购，法国家乐福，澳大利亚邦尼斯，日本港南商社、大创等世界知名公司建立了稳定的战略合作关系，并成为这些国际连锁零售巨头在亚洲绳网制品的首选供应商。

从民企掌门人到扶贫创新者

新时代催生新梦想，回报社会有担当，沈明在创业成功后，致富思源，回报社会，在加快推进新旧动能转换、实现跨界融合发展的同时，积极参与社会扶贫工程和爱心慈善事业，自觉担起助力社会、扶贫脱贫重任，提出了爱心扶贫战略构想，架起产业报国彩虹。

身为泰安市政协委员、民建泰安市委泰山支部主委，沈明积极响应国家"动员全国全社会力量，齐心协力，打赢脱贫攻坚战"的号召，在做大做强绳网产业的同时，牢记企业的成长进步离不开国家的好政策，离不开各级党委和政府的大力支持。

他带领鲁普耐特积极投身到"百企帮百村"扶贫行动中，提出了"产业帮扶、扶贫扶智、创业创富"的扶贫理念，确立了"精准扶贫、产业扶贫、智慧扶贫、社会扶贫"四大扶贫方略，成立了扶贫攻坚领导小组，制定了《产业扶贫操作手册》，实行产业、生产、资金、技术、人才等全方位的对接，并在工作中注重中长期规划和长远效应，以市场经济的方式和手段来推动全面扶贫工作的进行，通过有效的集中培训转变人们的观念、提高人们的致富自觉性，让贫困群众主动做大做强产业来实现扶贫开发的目的，走扶贫先扶智、志智双扶，"输血"更"造血"的扶贫开发新路子，并取得了初步成效。

打好扶贫攻坚战是一个世界性课题。中国方案、中国智慧给予人民许多有益的启示和可贵的尝试。其中极其重要的一点就是为致力扶贫脱贫工程的爱心人士和爱心企业搭建值得信赖的扶贫公益平台，让所有爱心慈善的物品和资金阳光落地，去向分明。鲁普耐特从2018年起，在全市贫困人口比较集中的县域和乡村投资建设"扶贫平价超市"，同时倡议全市有爱心、有梦想、有格局、有境界的大中型企业参与这一社会扶贫事业，共同将每年拟用于扶贫的资金统筹变换为超市等值扶贫救助卡，再发放给急需扶贫的群体及个人，凭救助卡到相应的扶贫平价超市购买需要的生活用品，从而形成依托扶贫平价超市平台，让救助贫困群众真正脱贫的良性互动机制，真正实现了长期持久脱贫的良性循环。

产业报国门路广，爱心扶贫有担当。沈明带领鲁普耐特的爱心扶贫战略构想切实可行，为企业腾飞营造了良好的施展空间，赢得了较高的社会声誉。他本人也荣获全省脱贫攻坚先进个人荣誉称号，为产业扶贫贡献了令人称道的"鲁普耐特方案"。

沈明陪同中国纺织工业联合会副会长李陵申考察生产一线

从抗疫先锋到工匠精神

2020年，来势汹汹的新冠肺炎疫情，让新年的钟声变成了抗击疫情的号角。沈明带领鲁普耐特积极影响党和政府的号召，深入落实全省、全市疫情防控的各项要求，在做好疫情防控工作的前提下，坚持疫情防控和生产经营两手抓、两不误，科学统筹，规范有序地组织企业进行复工转产，不断提高产能，生产国家重点保障防疫物资口罩耳带绳，为国家防疫工作助力。

为保障国家重点防疫物资的供应，他不惜推迟正常业务订单，不计企业生产经营成本，春节期间积极进行复工转产，生产国家重点防疫物资口罩耳绳，并积极协助政府部门对防疫物资口罩耳绳进行调配安排，被评为全国疫情防控重点保障企业和全国纺织行业防控新冠肺炎疫情先进单位。

耳绳虽小，门道却不浅。沈明带领鲁普耐特技术人员发挥精益求精的工匠精神，关注市场反馈，持续改善产品性能。同时，通过多个省级研发平台的资源，组建起由国际顶级资深设计与检测专家组成的研发团队，亲自担任项目负责人，加强技术研发，参与制定行业标准，为保障国家重点防疫物资口罩耳绳的市场供给和推动口罩耳绳的研发生产及标准的日趋完善做出了突出贡献。

伴随着新冠肺炎疫情在全球的持续蔓延，全球口罩市场需求缺口急剧扩大，沈明继续加大项目投资力度，新上线爱洛普投资项目，该项目总投资 1.2 亿元，产品领域可以覆盖耳绳、工艺绳及高端日用服装绳带等主要产品，预计总产能达到年产量 10000 吨以上。项目达产后，将迅速拥有全球最大的耳绳研发生产基地，并打造集耳绳研发、生产、贸易、服务为一体的综合性产业平台。

19 年前，沈明在企业成立之际公开宣布了企业使命——振兴中国绳业，铸就国际品牌，为人类提供安全放心的绳网产品。确立了"质量第一，顾客满意，科技兴企，持续改进"的质量方针，始终为实现企业的全面高质量发展，不断奋力前行。

19 年后，他带领鲁普耐特叩开了国际绳网的大门，站在了全球绳网进出口中心的舞台上，亮出了中国人自主研发生产、远销 110 多个国家和地区的上千余种绳网产品，打破了长期以来欧美绳索垄断市场的历史格局，实现了"替代进口、挑战国际品牌、产业报国"的雄伟目标，谱写了中华绳网产业国际化跨越发展的新篇章。

宋日升

宋日升

匠心智造　为中国电子提花代言

　　提花技术最早起源于中国汉代，"花楼"的出现意味着单一花色织物织造时代的结束，但这一技术却在西方蓬勃发展。英国、法国依托先进的科学技术陆续研制出了机械提花、电子提花，直至20世纪末仍在我国处于近乎垄断的市场地位。面临这种严峻的行业挑战，宋和宋科技有限公司创始人宋日升深切感受到争创民族品牌的必要性。经过20年的自主研发与科技创新，他带领团队成功打破欧洲先进技术和市场垄断地位，使"宋和宋"提花机成为市场占有率世界第一的民族品牌。

家国情怀　自主创新　开启民族创业之路

　　宋日升1992年毕业于大连理工大学，在校期间不仅刻苦学习专业知识和技术，而且博览国内外著名哲学、历史书籍；毕业后先后在国企、外企担任技术和管理人员，积累了丰富的职业经验。

　　1999年，因家乡企业南山精纺所使用的德国进口设备故障，需要国外厂家上门维修，成本高、周期长，企业负责人找到善于研究开发的宋日升问道："德国进口的电热压光系统经常损坏，你能修吗？"经过研究分析后，宋日升当场表示："修不了，但是我能造！"

在客户的怀疑和惊讶声中，宋日升不仅兑现了自己的承诺，还成功替换了长期以来被德国垄断的高端科技产品，实现了国内精纺电热压光系统的自主生产，自此，宋日升开启了创业之路。

在一次为客户提供服务的过程中，客户指着提花机问宋日升："宋总，您很能干，已经造出了曾经是外国人垄断的电热板，这种提花机您能造吗？"面对客户的需求，了解到提花市场的境遇后，极富民族自尊心的他再次激发出创新的欲望。他要求所有研发人员"不要崇洋媚外，国外技术并不是不可超越"，确立"吸收、消化、找问题、再创新"的研发思路后，从机械结构、电气硬件系统、软件控制系统、精密选针系统等入手，一步步对提花机进行全结构持续研发创新。2008年，宋日升主导研发的曲柄直驱链式传动结构电子提花机正式投产，形成了世界提花机结构三足鼎立的格局。

中国纺织工业联合会党委书记兼秘书长高勇曾这样称赞宋日升："有勇有谋，提花机是纺机行业中最难做的领域之一，但他依旧选择了这套高难度动作。"如今，宋和宋电子提花机不仅能够高效能、低损耗地完成各类产品的织造，而且正在逐步实现"人机合一""远程控制""大数据统计分析"等智能化、信息化功能，实现了"中国制造"向"中国智造"的转型发展。

恪守诚信　剑走偏锋　闯出广阔天地

刚开始推销电子提花机时，很少有人相信这个没有"天时、地利"的山东企业，企业的发展一度陷入僵局。经过深思熟虑，宋日升意识到要打开国内市场，同国外厂家竞争，靠常规方法是行不通的，只有另辟蹊径。"电子提花机的第一桶金是从给江浙企业做老机改造中获得的，可以借他们的力量将宋和宋推向市场。"

深知服务先行的重要性后，宋日升开始大力强化服务队伍，提升服务品质，在国内外主要市场设立具有专业技术能力的本地化服务机构，由此为公司赢得了提花机行业"金牌服务"的口碑。

"作为制造业企业，要让企业发展得更强更大更稳，没有国际市场的支撑就是'单腿跳'而已。"为此，早在2003年宋日升就高瞻远瞩地提出："要让全世界提花织造企业都能使用印有中国创造标签的提花机品牌产品。"为实现这一目标，他详细了解提花机国际市场，并亲自带队走访调研，确立样本客户并给他们提供优惠条件；组织进行区域市场推介会，与当地协会联系，通过媒体进行宣传，让周围客户到样本客户企业进行参观……

从无到有，从"no"到"good"，从被动试用到主动选择，从1个客户到30多个国家，他带领着宋和宋人一点一滴地精心培育着国外客户对中国提花机制造的信心，最终赢得了中国提花机出口"第一品牌"的美誉。

宋日升带领宋和宋人稳扎稳打开拓国际市场

2013年业绩高速增长的同时，公司出现了质量管控欠缺严谨性的问题，导致产品召回致损近亿元。宋日升说："是我们的责任就要去承担，宁愿新的订单不做，也要对国内外客户现场进行全面召回与更换，要守住为人、做企业的诚信底线。"

正是这种敢于担当和诚信经营的美德，在经历两年多的异常处理和质量提升后，宋和宋在2016年下半年开始逐步回归市场主流，自2017年起至今，宋和宋业绩连年翻番，产品出口印度、越南、巴基斯坦、土耳其等30多个国家和地区，提花机行业市场占有率稳居全球第一。

知行合一　精益管理　引领智慧转型

技术创新、市场布局，最终落脚点还是做好做精产品。在一次发往国外的货物到货后，国外工程师反馈有一箱配件打包散落，宋日升得知此事后，立刻

宋日升严抓细管培养精兵强将

召集会议，他郑重地说道："以小见大，连装箱这样的小事如果都做不好，何谈产品。对于好的定义应该包括三个方面，'想得好、做得好、说得好'，我们取得的成绩来之不易，要想继续取得胜利，必须苦练内功，精益求精，要做就做到最好，不仅'知'，而且要懂得找方法，更要'知行合一'，扩大规模的同时要牢记提升品质，各个部门、各个工位都必须沉下去、担起来、跑起来、亮出来"。

正是在这种理念下，宋日升带领团队善于借鉴历史、总结规律，并在实践中创新了适合宋和宋自身发展要求的"三标八步订单管理法""供应商现场、生产现场、客户现场全过程品质管理"，在内部管理过程和流程规范中时刻体现"一切以提升用户体验满意度为核心"的经营理念，全员"正形正心正行"，提质增效，夯实品质、价值、队伍管理基础，严抓细管培养精兵强将，不断创新练就黄金品质。

如今，宋和宋已具备电子提花机月产500台、组件月产300000个的生产能力，也是国际上最具竞争力的电子提花机品牌，并拥有曲柄直驱链式传动结构提花机和筘动式喷气毛巾织机两项世界首创技术，授权知识产权60余项，成为行业内自主创新能力最强、拥有核心技术最多的企业。

以人为本 "家"文化凝聚创新力量

自创立宋和宋以来，宋日升始终把宋和宋所有的员工视作自己的兄弟姐妹，立志将宋和宋建成员工共同的"家"。即便是一名车间普通员工的喜宴，他都会出席并送上祝福；只要有员工甚至是员工家属生病住院，他都会亲自或派代表去慰问；但凡有员工碰到生活困难，都会全力提供帮助……正是感受到他的关怀，尊敬他的品格，每次面临危机时，员工们都会主动请缨，毅然决然地与公司同进退，渡难关。宋和宋虽然成立近20年，但在职骨干员工工龄超过10年以上的比比皆是。

谈及宋和宋的成功，宋日升总是将这一切归功于管理人员和一线员工。"没有水手，企业只能是孤船一只；没有船，我们无以实现人生价值。企业要想基业长青，首先需要信仰，真正凝聚力量的不是物质与金钱，而是一种被所有人认可的精神价值，那就是信仰与愿景。"在宋日升的带领下，宋和宋人万众一心，积沙成塔，朝着实现提花机行业"民族的世界品牌、世界的民族企业"这一目标阔步前进。

多年的日夜奋斗，呕心沥血，让宋日升积劳成疾。疼痛使他在病榻上彻夜难眠，然而，他却不断地说："很高兴能与大家一起共事，公司一定要给遇到困难的员工们一个长效的依靠。"

2019年7月，宋和宋创始人宋日升不幸因病去世，告别了他奋斗一生并做出卓越贡献的提花机事业。连同业对手都不由得敬佩这位"纺织大工匠"，称赞"是宋日升把提花机行业的市场做大了"，他的先进事迹和卓越贡献得到了全社会的高度认可，中国纺织工业企业管理协会追授他为"全国纺织行业突出贡献企业家"。

"我愿意遵从我父亲的遗愿，成立宋和宋'昇基金'，让我们的同事和家属，病有靠，急有依，难有帮！吾辈定将传承宋日升董事长的精神，团结所有宋和宋同仁，共同努力，继往开来，让'昇基金'发挥更大的作用，温暖团队，福德天下！"2019年10月，在宋和宋20周年答谢会上，宋和宋董事长宋怡佳郑重表示，今后公司将沿着宋日升走过的足迹继续他的梦想，心怀感恩，不断创新，追求卓越，为纺织强国建设贡献自己应有的力量，为中国电子提花机行业代言。

张国良

张国良

让中国造碳纤维立足世界舞台

碳纤维具备强度大、耐高温、耐腐蚀、导电好的优良特性，作为一种战略性材料被称为"国之重器"，广泛应用于航空航天、交通、医疗等军民产业。

在过去的几十年，连云港鹰游纺机集团、中复神鹰碳纤维公司董事长张国良倾注所有精力，始终坚守"为祖国争光，为民族争气"的信念，敢于走前人没走过的路，努力实现关键核心技术自主可控，把创新主动权、发展主动权牢牢掌握在自己手中，实现了碳纤维国产化和产业化，获得国家科技进步一等奖。

坚守信念 勇于承担国家责任

碳纤维进入张国良的视野是 2005 年 3 月，作为人大代表的张国良到北京参加全国两会。会议期间，他从几位材料专家那里了解到碳纤维在国内发展的现状。

2005 年 9 月 29 日，碳纤维项目正式立项，张国良将此称为"九二九工程"。既没有设备参考，也没有相关资料，同时又面临国外的技术封锁，对于碳纤维行业几乎一无所知。"作为一个企业家，要有敢于冒风险为国家分忧的责任心，哪怕倾家荡产，也要造出中国人自己的碳纤维！"张国良斩钉截铁地说。他几

2018年1月8日，张国良荣获国家科技进步一等奖

乎查遍了有关碳纤维的所有信息，记下3000多个主要工艺数据，每天读书十几个小时。

在连云港郊外一片长满芦苇的盐碱滩上，碳纤维攻关的厂房建设和设备安装与调试，几乎在以超常规的速度和时间进行着赛跑。为早日生产出合格的原丝，全套的设备，几万张图纸，从设计、制造到安装调试，都是在张国良的领导下完成的。全线开车调试时，张国良和技术人员、工人们一起在生产线旁连续吃住了74天，解决了数不清的大小问题。随着生产线规模不断扩大，技术成熟度不断提升，2007年，第一批碳纤维成功生产；2010年，1000吨T300级碳纤维实现规模化生产，打破了发达国家对国内碳纤维市场的长期垄断，荣获中国纺织工业联合会科学技术一等奖。

永不停步　突破干喷湿纺核心技术难题

通过不断学习和市场调研，张国良认识到采用干喷湿纺工艺，能使力学性能大幅提升、生产效率显著提高、能耗大幅较低，已经成为高性能碳纤维的全新技法。他果断地吹响了向T700以上级碳纤维进军的号角，再度亲自挂帅出征。自主设计、自主制造、自主安装、自主调试，张国良几乎天天跟工程师们在一起，探讨产品、探讨技术。所有的工程设计、机械设计，每一条设备的安装，每一道工艺的制定，张国良都是直接的决策者和参与者。

又经过了三年多的艰苦摸索和实验，中复神鹰立足自主创新，自主研制了PAN纤维快速均质预氧化、碳化集成技术，首次构建了具有自主知识产权的干喷湿纺千吨级高强/百吨级中模碳纤维产业化生产体系，成为我国首个、世界第三个攻克干喷湿纺工艺难题的企业，填补了国内以干喷湿纺工艺为代表的高性能碳纤维生产技术的空白，打破了国外巨头在中国市场的长期垄断。2016年，"千吨级干喷湿纺高性能碳纤维产业化关键技术及自主装备"获评中国纺织工业联合会科学技术奖一等奖。2018年1月，"干喷湿纺千吨级高强/百吨级中模碳纤维产业化关键技术及应用"项目荣获2017年度国家科技进步一等奖，这也是我国碳纤维行业所获得的最高奖项。2020年，该项目又获得工业界"奥斯卡"——中国工业大奖表彰奖。

2019年10月，"T1000级超高强度碳纤维百吨级工程化关键技术"项目顺利通过国家级鉴定，该技术已达到国际先进水平，是国产碳纤维行业的一个重要进步，对于推动整个碳纤维行业的发展具有重要意义。

目前，中复神鹰在全国呈连云港、上海、西宁三地发展格局，西宁万吨碳纤维基地已经投产，产品成熟稳定。

担当使命　创新求变一直在路上

企业家和科技工作者双重身份的叠加，是张国良实现科技创新成果转化的最好动力。作为企业科技创新带头人，为了不断激发企业活力，张国良一直坚持对传统行业进行变革。率先在毛毯毛绒行业实现大联机、"以涤代腈"技术，使毛毯毛绒的生产发生了革命性变化。

在张国良看来，思路决定出路。无水印染以往的研究方向，是寻找一种介质来代替水，但这种方式始终脱离不了传统的染化料，最终必须对印染后的面料进行水洗。"我就问自己，水洗到底是洗什么？一个是洗助剂，一个是洗浮色。于是，我打破传统思维，从染化料着手，不添加需要水洗的助剂，浮色则用高温进行汽化，彻底解决了水洗的问题。"

在张国良的领导下，连云港鹰游纺机集团于2017年在灌云经济技术开发区投资建设连云港纺织产业园，2018年，连云港鹰游新立成纺织科技公司一期成功投产，该生产线采用鹰游集团自主研发的纺织"无水染色"技术和大联线智能化生产设备，实现了快速印染，生产效率提高60%以上，平布印染省水达90%。此后企业不断创新工艺、创新技术，发挥全自动省水洗印染联合生产线技术优势，让传统产业焕发活力。

国家需要　就是我们前进的动力

2020年初，在新冠肺炎疫情防控形势严峻的情况下，张国良说："一手打好疫情防控阻击战，一手打好生产经营攻坚战。国家需要什么，我们就造什么！边学边做，就想着必须做好！"从2020年2月开始，张国良就每天围绕在口罩生产线旁，拿出攻关碳纤维的劲头，不舍昼夜，带领团队72小时建成口罩生产线，极大缓解本地"一罩难求"的困境。2020年，公司生产口罩1亿多只，捐款、捐物近1000万元，助力全球抗疫。

多年来，他先后用于赞助困难企业、资助困难职工、捐赠社会福利事业、科技拥军、支持城市建设等的捐资捐物近亿元，用行动诠释了疫情无情、人间

张国良在碳纤维车间现场听取碳纤维生产情况

有爱，也彰显了中国特色社会主义市场经济环境下的企业家精神。

"帆欢劲风满，破浪如追奔。"张国良不忘初心，本着对事业的执着热爱，对科技创新的不断追求，为碳纤维"中国梦"，贡献着自己应有的力量！"我相信在不久的将来，国产碳纤维一定会在世界舞台上争得自己的立足之地。"张国良自信地说。

张艳红

张艳红

扎根一隅埋头实业　打造行业领先企业

　　从执掌威海魏桥科技工业园那天起，张艳红就把"拼搏进取、求实创新、快速高效、勇争一流"的魏桥精神深深地烙在心中，把责任扛在肩上。她认为，职工进了魏桥，就要对职工负责；社会各界关注和支持魏桥，就要对社会负责，对老百姓负责。自2006年担任魏桥纺织股份有限公司执行董事、2019年1月担任副董事长以来，作为公司高层管理者，张艳红和领导班子一起推动企业向着高质量方向发展，始终保持着全球最大棉纺织企业的地位。为国创业、为民造福是魏桥集团的宗旨，也是张艳红始终秉持的发展理念。

扎根一隅　创办行业一流企业

　　威海魏桥科技工业园有限公司成立于2000年5月。2002年，年仅26岁的张艳红被任命为公司总经理。"当时压力特别大，因为自己在纺织行业资历尚浅，一上任便要一边抓生产一边抓建设，只能不分昼夜边学边干。"21年来，张艳红扎根远离魏桥集团总部的威海，全身心投入，与公司共同成长，见证了公司从筹备、建设到发展壮大的全过程。

"作为一名现代纺织人，要继承传统产业工人身上那种兢兢业业、艰苦奋斗的老黄牛精神，更要具备不断学习新技术和新知识、敢于突破的创新精神。"张艳红说。从项目谈判到基建现场，从生产一线到后勤保障，她事无巨细、严谨细微，带领企业走出了一条从无到有、从有到精的发展之路。

在张艳红的带领下，企业坚持科学投入、创新创效、狠抓质量、精益管理，开创了转型升级、跨越发展的新局面，为地方经济发展做出了积极贡献。

2006年，在威海历练了六年的张艳红开始担任魏桥纺织股份有限公司董事。作为公司高层，她为企业发展建言献策，同其他班子成员通力协作，共谋发展，使魏桥纺织始终保持着全球领先的地位。

创新驱动　助推企业转型升级

作为新一代领导，张艳红始终坚持以科技创新为支撑，深化创新驱动，积极引进国际先进纺织设备，加快技术改造。公司整体装备水平和设备自动化程度均保持国际领先，棉纱无结头率100%、织布无梭化率100%，每万锭用工由原来的110人降至40人，产品最高纱支由原来的180支提高到500支，坯布最高密度由1200根提升至1800根。

为使纺织传统产业始终保持竞争优势，张艳红积极促进企业发展高科技、推进全智能、积蓄新动能。大力推进以智能化提升为引领的技术革新，与山东大学、哈尔滨工业大学等高等院校深入开展产学研合作，融合网络、技术和数据的高度互联，重点推进了工序间物流智能化传输项目与生产数据自动采集的信息化改造项目，加快"机器换人"步伐，推动企业数字化进程，打造纺织智能化工厂。

在新一代信息技术的赋能下，纺织行业在加快企业转型升级的同时，也促进新技术与传统产业的融合，引领行业向数字化、智慧化转型，让传统产业焕发新动力、释放新动能。

张艳红始终坚持从生产中来，到生产中去的原则，注重与兄弟单位进行沟通和交流，学习好的技改经验，并结合公司特点，积极组织职工开展"技术大比武"、操作运动会、技术观摩等活动。以此，调动全体职工投身技术创优，形成了一种"比、学、赶、帮、超"的学习氛围，同时，引导职工树立市场观念和竞争意识，为企业提高质量水平，推动生产工作快速发展奠定了坚实的基础。

科技研发　保持行业领先优势

张艳红始终坚持以市场需求为主导，加大产品科技研发，不断开拓新市场，全力打造"魏桥"品牌。公司与武汉大学共建现代纺织技术工程中心，致力于新型纺纱、新型面料研发，相继开发了超爽纤维、大豆蛋白纤维、牛奶纤维、海藻纤维等产品，她不断根据市场需求变化，以生态化为基调，研发各种天然功能性纤维在纺织品中的应用，开发了薄荷纤维面料、舒米乐抗菌家纺等多种新型功能性纺织品。

2020年新冠肺炎疫情暴发后，市场对抗菌面料的需求更加旺盛，她指出公司要向抗菌、防病毒、天然植物抗菌等功能性面料方向研发，以满足消费者日趋个性化、多样化的需求。

公司生产的纯棉精梳纱线和高支高密纯棉坯布两大类主导产品，先后荣获中国名牌产品称号，并被中国棉纺织行业协会推荐为最具影响力产品品牌。"魏桥"品牌连续17年入选中国500最具价值品牌排行榜，连续两年入选世界品牌500强。"魏桥"牌产品作为世界著名品牌产品，以其档次高、质量好、规格全的优势，覆盖欧、美、日、韩、东南亚等120多个国家和地区。

狠抓管理　夯实企业发展基础

随着市场经济的快速发展，企业要实现持续发展，不仅需要在产品、技术上实现突破，更应在管理机制的创新中有所作为。张艳红突破传统管理经验，改变粗放式管理的方式方法，向科学化管理转变，促使企业管理日趋精细化。

她始终坚持以人为本的管理理念，确立职工在管理中的主导地位，最大限度地发挥职工的能动性。多名公司职工先后荣获各级"首席技师""岗位能手""青年自主创新行动标兵"等荣誉称号，助推企业实现又好又快地发展。

她始终把企业精细化管理作为一项长期、艰苦、细致的工作紧抓不放，由浅入深、循序渐进，逐步让管理工作精益求精。"纺织企业的生存与发展，生产质量水平是关键。"张艳红认为。她以从细微入手的态度，创新管理机制，严把质量关。为了提高产品质量水平，张艳红以实际行动强化"一票否决，两个不准，三不放过"的质量管理方针，从严、从细，狠抓生产全过程的管理工作。在她的领导下，生产的各个工序都严格把好质量关，不放过任何一个有问题的

张艳红不断提升企业管理水平

环节，并形成了一套有魏桥特色的管理机制。在生产过程中发生的质量问题，张艳红总是亲自带队，进行专题整改和跟踪落实，每年组织各类技术攻关达百余项，有效地保证了产品质量的稳步提高。

她始终坚持节约发展、绿色发展，不断提升企业的内部管理水平，依靠有效的组织控制，形成了节约型的经营管理模式。

作为魏桥纺织的副董事长，威海魏桥工业园的掌舵人，张艳红始终坚持不懈地寻求突破，学习新知识、新理念，走在行业发展的前列，打造了魏桥人独有的企业文化和管理理念。

饮水思源　彰显企业责任担当

张艳红始终秉持"为国创业，为民造福"的信念，以企业高质量发展带动区域经济高质量发展，为构建和谐社会积极贡献力量。

她带领公司严格照章纳税，广泛吸纳社会劳动力，多次被评为威海市纳税明星；通过多种渠道帮助困难群体，累计捐赠3300余万元，助力维护地方和谐。

"职工始终是企业发展的最宝贵财富，只有把他们当亲人，他们才能自觉自愿当主人。"张艳红如是说。为了让职工充分享受企业的发展成果，公司先后20余次提高职工工资，为所有单身职工宿舍免费提供空调、暖气，投资2亿元建设1200套公租房并免费供暖，解决已婚职工住房难的问题。

2020年新冠肺炎疫情暴发，面对严峻的疫情防控形势，公司始终把职工生命安全和身体健康放在首位，通过网格化、地毯式的管理，构筑起联防联控的严密防线，保障了广大职工家属的生命健康安全。为支持抗击疫情，她还带领公司第一时间向威海市环翠区慈善总会捐款，并紧急转产口罩等防护用品，驰援抗疫一线，为疫情防控不断贡献"魏桥力量"。

"责任"是张艳红不断前进的动力。20年光阴磨去了青涩和稚嫩，磨出了干练与坚韧。张艳红先后荣获全国五一劳动奖章、全国三八红旗手、全国优秀纺织企业家、山东省优秀党务工作者、第八届齐鲁巾帼十杰等荣誉，光荣地被选为山东省第九次、第十次党代表和威海市第十三次党代表。她说："荣誉是认可和支持，更是责任和动力。"张艳红就这样将诸多荣光转化成无穷动力，带领着处在高速成长期的威海魏桥科技工业园积极整合资源，全力向以纺织为主体的大型综合企业迈进。

陆小枚

陆小枚

但问耕耘　不问收获

从进入长春市第一毛纺厂到执掌长春圣威雅特服装集团有限公司、长春市西装有限责任公司和长春市纺织服装工业技术研究所，陆小枚把全副身心奉献给了纺织服装行业。他带领企业走出低谷，实现新的飞跃，不但让职工有了幸福感和满足感，还为社会稳定、国家富强贡献了力量。

妙手回春解企业之危

1997年，陆小枚来到长春市西装厂时，这个1956年建厂的公司因资不抵债而濒临倒闭，工人工资长期拖欠。受命于危难之际，他咬紧牙关，率领全厂职工，凝心聚力，砥砺前行。

陆小枚的第一场硬仗是开拓国际市场。通过广交会及外贸公司等渠道，公司打开了美国、法国、意大利及北欧、日本、韩国等地的市场，订单纷纷涌来。

有了打开国际市场的成功经验，他对国内市场进行了分析研究，决定带领全公司职工主攻国内职业装市场。在大家的努力下，公司相继成为公检法、税务、工商、铁路、邮政等单位的服务商，当年便实现扭亏为盈。公司职业装产品销往全国20多个省区市，在黑龙江、北京、天津、贵州、海南、四川、河南、青海、宁夏、甘肃等十几个省区市设有分公司，提供服装售前及售后服务。在大家的努力下，产品先后荣获中国职业装50强、中国职业装10强、最受欢迎品牌、中国职业装最具竞争力品牌、吉林省名牌、吉林省著名商标等多项荣誉。

近年来，公司营业收入保持在亿元以上，员工工资每年都以超10%的速度递增，公司在原有职业装业务的基础上，又开拓了西装高端定制业务，与仕奇集团、红领集团强强联手，合作合资中高端服装定制，以产品质量赢得了市场，受到了客户的欢迎，在全国各地开启了西装高端定制业务。

在陆小枚的经营理念主导下，公司不仅扭亏为盈，还逐渐获得了地方政府和社会的认可，先后获得了国家级守合同重信用单位、全国纺织工业先进集体、全国纺织转移园区突出贡献单位、全国工人先锋号、全国产品和服务质量诚信示范单位、全国纺织服装行业质量领先品牌、全国百佳诚信标杆示范单位、全国质量诚信标杆典型企业、全国质量信得过产品、AAA级信用企业、省级企业技术中心、吉林省五一劳动奖状、吉林省工人先锋号、吉林省三八红旗集体、长春市科技小巨人、吉林省省级企业技术中心、吉林省著名商标、吉林省名牌产品、国家级AAA级信用企业、绿色环保产品、中国环境标志认证产品等多项荣誉。

鉴于在纺织服装行业领域丰富的经验和过硬的业务能力，陆小枚先后受命接管了负债累累的长春市服装八厂和不能正常运转的长春市纺织服装工业技术研究所。他坚持不懈的奉献和拼搏赢得了来自社会各界的认可和赞誉，多次当选长春市人大代表、党代表，先后荣获了全国纺织系统劳动模范、全国职工满意领导干部、全国纺织转移园区突出贡献个人、全国优秀纺织企业家、吉林省劳动模范等荣誉称号。

心怀天下获广泛赞誉

社会责任一直是陆小枚主导的企业发展方向之一，公司因此被吉林省慈善总会评为"爱心公益单位"，陆小枚是长春市第一位被评为永久慈善市民的企业家。

2003年"非典"期间，他放弃了来自美国的一万余套西服的订单，率领全公司职工夜以继日地赶制纳米防护用品。公司在紧急关头捐赠了20余万元的"非典"防护品，为抗击"非典"做出了重要贡献，受到了党和国家领导人的高度赞扬及省领导的嘉奖。

在陆小枚的带领下，公司一直致力于承担社会责任，全力投入救助工作。比如，汶川地震、玉树地震发生后，公司捐出了大量衣被等日常用品；每年都向敬老院捐赠衣被、向环卫工人捐赠劳动保障服装和手套、向学校捐赠校服；2007年，公司还赞助了在长春举办的第六届亚冬会礼仪西服。在协助政府扶贫方面，公司和吉林省妇联、长春市妇联联合举办纺织培训中心，免费为贫困人群提供就业培训，解决失地农民的就业问题。

不计得失为国家而战

2020年，新冠肺炎疫情冲击了全球。疫情在国内暴发时，吉林省全省动员，各相关单位齐动手，积极应对。在防疫物资严重匮乏的情况下，陆小枚接到了长春市政府生产防疫物资的命令，时刻准备复工生产防疫物资。正月初一的上午，市领导到公司实地调研，要求公司尽早复工生产防护物资。陆小枚当即决定克服困难，马上组织人力物力开展生产。他把所有生产任务都推后，一切为生产防护物资让路。

由于当时正值春节，公司里没有生产原料，工人都回家了，组织生产面临极大困难。公司相关人员放弃休息，连夜组织安排原料就位，通知工人准备复工，社会各个方面的力量都处于停止状态。公司在董事长陆小枚的领导下克服了重重困难，在最短的时间内复工复产。

春节期间，陆小枚的手机24小时不关机，不时接到来自市、省、国家各个层级行政单位的电话，需要随时汇报防护服的生产情况。晚上，他只能睡四五个小时，白天又早早到公司组织原料调运和车间生产。受到他的激励，员工接到复工通知后想尽各种办法返岗，有的职工家附近的路封了，就步行很远去搭车；有的职工早上5点就从家里出发，徒步走到班车站点；有的女职工身怀有孕，仍然坚持到岗；有的职工把小孩交给老人照看，义无反顾地赶回厂里。全公司员工放弃了休息时间，加班加点，有的工序甚至24小时连轴转，尽全力生产防护服，为抗击病毒贡献着自己的一份力量。

期间，省、市级领导先后到公司调研防护服生产情况，鼓励企业再接再厉，鼓足干劲，为全省抗疫工作贡献力量。

陆小枚在组织公司自身全力生产抗疫物资的同时，深知众人拾柴火焰高的

陆小枚在领奖现场

重要性，还帮助兄弟单位组织生产抗疫物资，为抗疫战斗筑起更高更厚的城墙。公司援助吉林省迈达医疗器械有限公司生产设备，并派技术人员组织指导生产。而后远赴辽源广而洁消毒剂有限公司，帮助他们安装智能缝纫设备并组织生产。

公司在紧张生产的同时，时刻不忘社会责任，先后向省内外捐赠上万套防护服，价值逾百万元。仅捐赠给吉林省公安厅的防护服就达5800套，保障全省民警执勤之需。在原材料大幅上涨的情况下，公司的防护服一直没有涨价，保持在最初定价的97元，后期防护服的生产几乎就是在亏损的状态下进行的。

对此，陆小枚代表全体职工表态说："这个时期不是计算经济账的时候，此时社会利益高于一切，国家有难，同胞受苦，我们必须无条件伸手相助。防护服生产要不计成本、确保质量，全力供应防疫需求。"在他的带领下，长春圣威雅特服装集团举全公司之力，为打赢这场看不见硝烟的战争竭尽所能，尽到了一家企业应有的社会责任。

陆诗德

陆诗德

凝心聚力铸精品　革故鼎新谱华章

从事土工合成材料的生产、研发、销售近30年，泰安路德工程材料有限公司总经理陆诗德用自己丰富的经验、独特的见解和开拓创新的进取精神，肩负"建设中国土工材料生产基地，振兴中国土工材料民族工业"的使命，不忘初心，不懈努力，专注技术发展，注重管理创新，打造路德品牌，带领企业走上了科技创新发展之路，打开了土工合成材料行业的新局面。

立志创业　开拓创新　实现企业高质量发展

1991年，陆诗德参加工作，从泰安塑料一厂的技术员开始做起，1995年，他凭借努力，在泰安市塑料工业总公司任开发部经理一职。1998年，中国特大洪灾暴发，国家意识到基础设施建设安全的重要性，党和国家领导人做出批示：大力发展土工合成材料。从此，土工合成材料进入高速发展期。2002年，陆诗德毅然决定放弃舒适的工作环境，肩负"建设中国土工材料生产基地，振兴中国土工材料民族工业"的使命，立志创业，创建了泰安路德工程材料有限公司。

经过19年的不懈努力，在陆诗德的带领下，泰安路德工程材料有限公司从成立之初仅有10余名员工、注册资本5万元的微型企业，发展成为拥有员工400

余人，注册资本1.38亿元的中型规模企业。2014年，为紧抓市场机遇、实现企业跨越式发展，陆诗德果断决策，在泰安国家高新区新征土地152亩，成立山东路德新材料股份有限公司。为进一步实现产品转型升级、扩大产能，2019年再次新征土地123亩，实施"高性能碳纤维土工格栅及高性能复合材料"项目建设，为企业高质量发展打下坚实的基础。

今天的路德是国家制造业单项冠军示范企业、国家高新技术企业、国家级守合同重信用企业、国家知识产权优势企业、全国建材行业先进集体，路德的产品被国家发改委节能中心认定为首批15个重点节能典型案例产品之一。

他本人也先后被授予全国优秀纺织企业家、中国产业用纺织品行业领军人物、全国企业知识产权工作先进个人、全国建材行业CIO领军人物和优秀首席信息官、山东省优秀科技工作者、山东省建材行业先进工作者等荣誉称号。获得省部级以上科技奖励6项；作为第一发明人获得发明专利11项，实用新型专利45项；承担国家级科研项目4项，牵头起草或参与制修定标准38项（国家标准4项，行业标准7项）。

专注品质　追求卓越　铸造"路德"品牌

2005年，随着市场的扩大，加上土工合成材料利润可观，泰安市短时间内涌现出许多小规模生产企业，由于路德的产品质量好、信誉高，市场上开始出现仿冒产品。为了维护路德的利益和长远发展，树立自己的品牌，陆诗德注册了"路德"商标，定位于高端产品。2016年"路德"商标被认定为中国驰名商标，2019年通过马德里体系境外商标注册。

陆诗德将"铸造中国土工格栅知名品牌"确立为企业的使命与愿景，路德现拥有2项山东省著名商标、5项"山东名牌"产品、2项山东优质品牌产品、2项山东知名品牌产品，被山东省政府认定为"山东省百家制造业高端品牌培育企业""山东省百年品牌培育企业"。

创新打破行业垄断　标准规范行业发展

自2009年三向格栅引进中国以来，国外企业靠其专利垄断国内市场，抬高产品价格，打击中国企业。为了不受制于人，陆诗德带领科研团队夜以继日地不断研发新工艺、新技术、新产品，在2017年研发出四向格栅，实现了三向格栅的全面替代，打破了国外垄断，降低了产品价格，净化和规范了国内市场环境，打造自主可控的民族自主品牌。他还带领团队研发生产出智能型格栅，适用于浸水路基、碱土路基的高强耐碱土工格栅、碳纤维格栅等新产品，产品填补国内外空白，技术水平国际领先，使传统产品步入智能化、数字化时代，真正实现了人无我有，人有我优，有效促进了产业结构调整，显著提升了土工合成材料行业技术水平和国际竞争力。

质量提升，标准先行。陆诗德始终坚持标准领跑，目前担任中国土工合成材料工程协会常务理事、煤炭工业煤矿安全标准化技术委员会委员，牵头成立了山东省土工合成材料标准化技术委员会、泰安市新材料产业协会，牵头起草或参与制修定标准38项，建立了质量、环境、职业健康安全、知识产权等认证体系，有效统一规范行业产品标准，推动行业质量水平不断提升，抢占国际话语权。

实施智能制造 绿色制造 打造智能绿色低碳企业

为顺应时代潮流，把握发展机遇，陆诗德积极响应国家号召，带领路德实施智能化、绿色化工厂建设，建成国家级智能工厂、绿色工厂。引进先进的ERP、MES、PLM等工业软件，打通物理空间和信息空间，实现互联互通；通过智能制造项目实施，工厂生产效率提高20%以上；运营成本、产品研制周期、产品不良品率、单位产值能耗、仓储用地、用工成本等指标降低30%以上，带动行业转型升级；建设绿色低碳示范企业。通过项目实施，实现制造技术绿色化率提高20.7%、制造过程绿色化率提高21.9%、资源环境影响度下降21.7%。承担了山东省绿色制造"1+N"项目，有效带动提升同行业绿色化水平。路德成立19年来，污染物排放达标率100%、水重复利用率100%，在土工合成材料行业内树立了标杆。

勇于担当 服务社会 履行企业家社会责任

陆诗德说："企业家身上流淌着道德的血液，应该担负起社会责任。"他积极投身社会公益事业，受到社会各界的一致好评。

在他的倡导下，路德先后在山东农业大学、山东科技大学、山东交通学院出资设立"路德奖学金"，受到了学校师生的一致称赞；他带领路德出资60万元

陆诗德认为企业家应该担负起社会责任

为南阳关村民修建一条爱心富民路，在道路上铺设公司生产的具有"纤维软钢筋"之称的经编土工格栅，为附近村庄提供了生产生活交通便利，受到了村民的交口称赞。

在新冠肺炎疫情期间，他积极响应党和政府号召，火速驰援山东济宁防疫基地总价值120万元的复合土工膜，受到了当地政府和施工单位的高度赞扬；组织员工自发爱心捐款，用于购买口罩捐助武汉一线医护人员，为抗击新冠肺炎疫情履行企业家社会责任。

陆诗德在他的《路德赋》中写道："今为昨继，明为今承，唯不忘初心，牢记使命，以梦为马，不负韶华，厚德载物，感恩前行，路连九州，德惠天下"，这也正是他奋斗前行的方向。

海阔潮涌千帆竞，乘风破浪启新程。陆诗德，这位出生于水浒故里的山东汉子，将不忘初心、砥砺前行，持续加快新旧动能转换的步伐，始终坚持科技创新求发展，努力为国家基础设施建设不断做出新的更大的贡献！

陈士良

陈士良

行稳方能致远

桐昆集团董事长陈士良以理性坚毅的战略定力和敢为人先的开拓精神，带领桐昆人历经改革开放、中国入世、金融风暴，踩准了时代的每一个鼓点，40年深耕化纤行业，将一家总资产不到500万元且连年亏损的化学纤维厂打造成为总资产超560亿元的全球化纤行业龙头企业，也因此创造了一个时代传奇。

临危受命　带领工厂走出死局

1981年7月，陈士良通过了成立不久的桐乡县（现桐乡市）化学纤维厂的招聘，成为首批员工。没有人会想到，这个清瘦的18岁青年将成为一艘化纤航母的掌舵人。

在没有一滴油、没有一粒切片的桐乡县，这家工厂是第一家生产化纤长丝的乡镇企业，由青石、晚村、义马、永秀、大麻5个乡镇公社与桐乡县社队企业局一起联合筹建，主要生产丙纶长丝产品。当时桐乡县化学纤维厂计划在5个乡镇招工100人，要求必须高中以上学历才能报名。结果报名者多达五六千人，经过严格考试，只录取了100人，陈士良就是其中一名幸运儿。进厂仅一年，通过学习和专业培训，他从一名普通机修工成长为机修班长。得益于化纤行情好，工厂的效益相当可观。1984年底，厂里计划筹建三期工程，也就是后来的凤鸣化纤厂。陈士良作为新项目筹建组的重要一员，开始了企业经营管理领域的学习和探索。

1986年，由于体制原因，6家联办单位在经营分配上矛盾重重，桐乡县化学纤维厂分割为凤鸣化纤厂、桐乡化纤厂和洲泉弹力袜厂。没想到，到了1990年，桐乡化纤厂发展陷入困境，成为全省化纤纺丝行业规模效益倒数第一的企业，而凤鸣化纤厂的发展却蒸蒸日上。

眼看日子难以为继，桐乡化纤厂200多名职工联名致信洲泉镇党委、政府，要求调整企业领导班子。洲泉镇党委、政府高度重视，镇领导多次找陈士良谈话，动员他出任桐乡化纤厂厂长。当时，陈士良已经是经营状况良好的桐乡凤鸣化纤厂副厂长。

"我当年是从桐乡化纤厂走出来的，那里是我的根，而且当时粮食跟服装纺织物质基础非常薄弱，我就想如果我们能把化纤发展好，可以让棉花种植的面积减少，就能更好地保证中国人吃的问题。"在这样的家国情怀感召下，1991年初，陈士良咬着牙挑起了重振桐乡化纤厂的重担。那一年他28岁，距离第一次进厂整整十年。

临危受命的陈士良一上任就奔波于省市内外，进行深入细致的市场调研。几番调研后，他判定国内化纤市场正处于上升期，只要质量过关就能有市场。而以桐乡化纤厂当时的技术水平，虽然不能名列同行业前茅，但产品销路应该不成问题。于是，整顿内部管理，恢复正常生产，成了陈士良破釜沉舟、背水一战的第一仗。

机器转动起来，工人们也看到了希望。在同样的设备、同样的市场行情、同样的员工队伍情况下，陈士良上任桐乡化纤厂厂长第一个月，产量就增加了近四成，获利5万元。很快，他又马不停蹄地扩大产能，投入50万元，上马一条年产200吨的SKV101丙纶纺丝机生产线，不仅两个月收回全部投入，更在当年营利100万元。首战告捷，陈士良扭转战局的这一步走得十分艰辛。

借船出海　为企业插上腾飞翅膀

首战告捷后，陈士良又把眼光瞄向了转产——将原有的产品丙纶长丝转向市场潜力更大的涤纶长丝。但按当时企业的实力和外部信誉，要筹到技改的资

金谈何容易。反复权衡后，陈士良决定"借船出海"——北上寻找合作伙伴。

他三赴江苏昆山，用满腔诚意和高度可行的方案打动苏三山集团，将一条年产1000吨的KP431涤纶纺丝生产线运回了桐乡。接着，他又如法炮制，与江苏常熟化纤设备厂达成协议，将共同研制的两条年产2000吨的SKV102涤纶纺丝线在桐乡化纤厂采购试用。有了先进设备助力，桐乡化纤厂仅用了一年时间便实现产值6500万元、利税1000万元的好成绩，完成了"凤凰涅槃"般的转变。

为了铭记这段来之不易的创业历程，感念昆山苏三山集团、常熟化纤设备厂患难相助之恩，企业改制时，陈士良将桐乡化纤厂更名为桐昆，以表感谢。此后的十余年间，桐昆的规模扩张如钱江潮起，势不可挡。

1994年，桐昆大手笔投资5000万元，上马企业路南技改扩建项目，当年实现产值1.46亿元；1995年，成为桐乡市经济总量第一的企业；1998年，一举成为中国大陆涤纶长丝产量最大企业；2000年起，公司投入10亿元，开始打造中国·桐昆化纤工业城，企业经济总量成为嘉兴第一；2004年底，桐昆成为国内最大的差别化纤维生产基地；2009年，公司具备150万吨聚合和180万吨涤纶长丝年生产能力，成为全球最大的涤纶长丝生产商之一。

2011年，"桐昆股份"在上交所A股挂牌上市，成为嘉兴市股改以来第一家主板上市企业。2015年，陈士良又提出了"做强主业、拓展行业、延伸优化产业链、打造全产业链"的发展新理念，开始进军上游炼化产业，进一步开拓企业发展空间。于是，桐昆再次向上游产业链拓展，参股浙江石化年产4000万吨炼化一体化项目，并于2017年中将所持有的20%股权装入上市板块。

不仅是向上延伸产业链，为进一步完善产业链，陈士良还积极做强主业，实现了在桐乡经济开发区、桐乡洲泉工业区、浙江乍浦工业园区、湖州长兴等地建起四大生产基地，生产基地规模超过5000亩，成功打通上下游形成PTA、聚酯、纺丝上下游一体化的产业链格局，增强市场竞争力和抗风险能力。

至2019年底，桐昆在国内市场占有率超过18%，国际市场占有率超12%，并顺利突破了原有的产业格局，实现了从"一滴油"到"一根丝"的全产业链发展布局。

2020年，陈士良又到苏北布点，涉足涤纶短纤，并开始将产业链的触角伸向下游织造和染整环节，致力于在"十四五"时期实现从"一滴油"到"一匹布"的全产业链。

在陈士良的布局下，桐昆发展成为具备六大系列、1000多个涤纶长丝产品生产能力的大型现代化化工企业，可以生产从50旦到1000旦之间几乎所有规格的涤纶长丝，产品差别化率超过65%，被称为中国涤纶长丝行业的"沃尔玛"。

步步为营　全面夯实企业实力

如果说桐昆的第一次飞跃缘于抓住了中国化纤行业的"黄金发展期"，那么第二次飞跃则有赖于全球新一轮科技革命和产业变革的蓬勃兴起。陈士良在企业发展过程中始终坚持科技引领，稳步扩张，步步为营。在他的悉心经营下，百年企业的基础日益坚实。

在他的推动下，桐昆先后设立院士专家工作站、博士后工作站，成功获评省级企业研究院、国家企业技术中心、国家认可实验室、国家新合纤产品开发基地，并通过这些平台开展了大量科技创新工作。目前，由桐昆牵头、参与起草的国家（行业/团体）标准已近90项，列入国家级科技支撑计划3项，主持2016年绿色制造系统集成项目，参与2017年国家重点研发计划专项，承担9项国家火炬计划和1项国家星火计划，申报专利1110余项，拥有省级高新技术产品1000余项。荣获国家科技进步二等奖和省部级以上科技进步奖励数十项，是制造业单项冠军示范企业，在标准制定、绿色制造和质量控制等方面成为业内翘楚。

他率领桐昆围绕聚酯长丝，形成了纺丝油剂、包装材料等较为齐全的配套产业。特别是纺丝油剂，桐昆自2002年进军精细化工产业以来，不断深耕细作，潜心钻研，经过十多年的努力奋斗终于突破行业技术瓶颈，成功解决国内化纤纺织油剂产业的"卡脖子"难题，成为全国首家也是迄今为止唯一一家、全球第四家掌握化纤纺织油剂核心技术的企业，这对中国化纤行业摆脱西方国家垄断控制具有极其重要的意义。

近年来，桐昆集团与浙江中控结成长期战略合作伙伴，在智能化技术、智能工厂建设、新技术应用等领域展开深度合作，彻底结束在技术方面依赖国外的历史。2012年起，公司先后在多个企业（厂区）实施机器换人，到目前已累计减少用工8000余人，日均产量增长到超万吨。作为化纤行业推进智能制造、打造智慧工厂的样板项目，桐昆集团恒邦二期厂区从生产、落筒、包装到入库、发货，已经全部实现自动化，大幅提高了企业的劳动生产率和全产业链流程运行效率，从而找到在新常态下驱动企业持续增强竞争力的新动能。

桐昆持续推进智能制造

在陈士良带领下，桐昆在智能制造、绿色节能、差异化发展等方面积极探索，全面建成无人工厂、黑灯车间。他认为，投资智慧工厂短时间来看一条生产线的成本很高，但是从长远来看运行成本大幅降低。即便在新冠肺炎疫情的冲击下，桐昆全面推进智能制造、全面实施创新驱动的步伐从未停止。投资7.5亿元的桐昆新材料研究院、总投资19.2亿元的桐昆集团浙江恒超化纤有限公司年产50万吨智能化超仿真纤维项目，还有与浙江中控、联想集团携手，共同探索引领行业的数字整合和智能制造新模式……一个个新项目如期上马。

从大手笔涉足产业链上游到全面推进智能制造，陈士良的每一次布局都是为了增强企业竞争力和抗风险能力，为企业的持续、健康、稳定发展奠定扎实的基础。简而言之，就是要"稳健"经营。事实也一再印证了他的判断，自1991年以来，桐昆实现了"五无"——无年度亏损、无对外担保借款、无销售应收款项、无欠薪欠税、无停产减产。

可以说，没有陈士良锐意进取的创新改革和独具慧眼的发展战略，桐昆就不可能发展成为今天的行业龙头，不可能战胜全球金融风暴、行业深度调整、新冠疫情冲击等种种危机。在一次次艰难险阻中，陈士良带领桐昆人勤于技改、勇于探索、敢于创新，朝着以千万级全产业链企业、先进化纤制造企业和绿色智能企业为标志的"百年桐昆"稳步迈进。"接下来，我们要围绕现有优势聚酯化纤主业，打造下游完整的生态圈，努力提升上游核心原料的自给率，形成纵向一体化发展格局，以世界化纤行业航空母舰的姿态，继续引领中国化纤行业勇往直前驶向新征程。"面对未来，陈士良信心满满。

陈队范

陈队范

让新技术成为产业报国的重器

自1998年创建山东康平纳集团有限公司以来，陈队范致力于纺织行业智能染整装备研究与产业孵化。作为康平纳领头人，他秉承泰山挑山工的拼劲、韧劲、闯劲，勇攀科研高峰，带领研发团队历经10余年的产学研合作，研制的"筒子纱数字化自动染色成套技术与装备"荣获2014年度国家科学技术进步奖一等奖，成为中国纺织机械史上第一个国家科技进步一等奖，承担建设国内首家染整智能制造试点工程项目，并在此基础上建设筒子纱智能染色工厂，使企业成为集智能装备研究与制造、色纱服务于一体的综合性企业，成为全国纺织印染行业"中国制造2025"典范企业，被评为国家高新技术企业、国家技术创新示范企业、山东省创新百强企业等。

抢机遇　带领企业做强做大

1998年，陈队范创建的康平纳公司是当时泰安市少数几家民营企业中的一员。1999年4月，他响应政府号召，租赁濒临倒闭的泰安毛纺织厂，盘活闲置资产，安置下岗职工1300余人，凭借产品优势，抓住市场机遇，科学运营，实现当年扭亏为盈，取得了良好的经济效益、社会效益和社会影响力，成为当时民营资本成功运营国有资产的典范。

凭借对市场走势的精准把握，陈队范确定了"坚持名牌战略作为企业生命线"的发展方向，立足新技术开发生产高端产品，引进意大利、德国、英国等国际先进设备和意大利哥伦布公司高档毛纺面料设计生产工艺，引聘纺织技术及工艺专家，搭建起国内高水平的毛粗纺软硬件装备平台，开发生产高档毛粗纺面料，稳步占领高端市场，自2008年起，康平纳毛纺连续被评为中国毛纺行业竞争力10强企业，成为稳居10强之列的唯一的毛粗纺企业。

重研发　引领行业技术进步

陈队范本着"科技报国，创新为魂，为中国纺织高质量发展铸造大国重器"的宗旨，创新研发理念，取得智能印染技术装备重大突破。

凭借多年来对染整生产工艺的深刻理解，陈队范坚持"工艺创新驱动装备技术创新"理念，将机械行业的先进技术应用于纺织工业，实现跨界融合集成创新，真正做到产品工艺与设备工艺、纺织工艺与智能装备的有机融合，成为工艺创新驱动装备技术创新的成功典范。通过10余年的产学研合作，陈队范带领研发团队研制的"筒子纱数字化自动染色成套技术与装备"实现了我国纺织印染行业数字化、智能化制造的重大突破。创建了国内首条筒子纱数字化自动高效染色生产线，建立起数字化染色车间，实现了筒子纱染色从手工机械化、单机自动化到全流程数字化、系统自动化的跨越，使我国成为世界首个突破全流程自动化染色技术，并实现工程化应用的国家。

"筒子纱数字化自动染色成套技术与装备"先后荣获2014年国家科学技术进步奖一等奖、中国机械绿色制造科技进步一等奖、中国纺织工业联合会科技一等奖、中国工业大奖表彰奖、第17届国际工业博览会金奖、中国香港桑麻纺织科技奖一等奖，被列入国家重点新产品、工信部《首台套重大技术装备推广应用指导目录》、山东省重大节能成果、《中国印染行业节能减排先进技术推荐目录》，成为国家节水节能优先推广产品，是纺织行业提质增效、节能减排、转型升级的首选装备。

促转化　培育产业发展新动能

陈队范深刻认识到，通过科技成果转化推动行业转型升级不是一家企业的

事情。科技成果虽然是康平纳做出来的，但是不能仅在康平纳发光发热。只有全行业都能应用上先进的科技成果，才能实现更大发展。康平纳也会获得更广阔的天地。

从国家到山东省，各方面对这一重大技术成果的关注和支持坚定了陈队范的信心和决心。工信部《产业发展与转移指导目录（2018年本）》提出，在全国9省20市统筹布局建设节能环保智能染纱工厂。山东省批复《关于在全省印染行业建设"1+7"区域性共享工厂体系建设方案》中明确，规划利用康平纳国家科技进步一等奖重大成果的科技优先优势，在全省范围内布局建设7个智能绿色印染园区。

秉承"推进科技成果转化创新推广模式，共享智能印染绿色平台，造福人类健康"的理念，陈队范积极加快"筒子纱数字化自动染色成套技术与装备"重大科技成果产业化步伐，在一等奖成果基础上建设筒子纱智能染色工厂，通过进行数字化、信息化、智能化全面提升，实现从原纱到色纱成品全流程的数字化和智能化生产。

他带领康平纳建设了年产2万吨标准化、可复制智能绿色印染示范工厂。与传统染色方式相比，示范工厂项目可节约用工80%，提高生产效率28%，吨纱节水70%、节电45%、节汽58%、减少污水排放68%，经济效益和社会效益显著，荣获第五届中国工业大奖。

在本部智能染色示范工厂的引领带动下，公司规划"十三五""十四五"期间在纺织服装产业密集区建设50个标准化智能染色共享工厂，搭建起行业共享智能染色工厂，实现各方的共赢发展。

多年来，陈队范十分重视科技创新工作，汇聚行业优势资源，积极创建国家省部级研发平台。积极争创的国家先进印染技术创新中心，目前是中国纺织印染领域唯一一个制造业创新中心，山东省首个国家级制造业创新中心，国内第17个国家制造业创新中心。此外，他先后领导创建了国家级企业技术中心、国际科技合作示范基地、国家博士后科研工作站、山东省重点实验室等10个国家省部级创新平台，为行业科技进步做出积极贡献。

守初心　发展成果惠及社会

创业多年，陈队范获得的荣誉不胜枚举。他是山东省首批泰山产业领军人

陈队范在大会现场发言

才、山东省优秀共产党员、改革开放40周年感动泰安人物，也是全国纺织科技创新领军人才、中国纺织行业创新人物、全国纺织工业劳动模范。

作为一名当之无愧的优秀企业家，陈队范始终把服务社会、服务人民的理念放在首位。他坚持将发展成果惠及社会各方，倾心公益事业，累计捐资2000万元用于公益活动。出资100万元设立冠名慈善基金，用于扶危、济困、助学和其他社会公益事业；在为当地捐资助学的同时，捐助纺织之光教育基金200万元，用于行业技术进步和人才培养；组织向玉树、汶川等灾区捐助，多次向西藏等地区捐款捐物达650万元；积极参与当地"精准扶贫"活动，帮助结对贫困村脱贫致富。2020年，当新冠肺炎疫情暴发后，他带领康平纳公司快速反应，在做好公司防控工作的同时，向泰安市泰山区慈善总会捐赠救护车一辆，向泰安市奋战疫情一线的1100多名医护人员赠送疫情专项保险，全力支持地方疫情防控工作。

也许是泰山之巅，赋予陈队范勇攀高峰的信念和毅力，也许是齐鲁大地，滋养了他慷慨仁义的胸怀和品质。重大科技成果的产业化任重而道远，从选择这条路的那一天起，他就没打算退缩。

陈贵德

陈贵德

中国毛织第一村的精神溯源典范

在中国毛衫名镇广东大朗镇，提起贵德投资有限公司的董事长、毛一品牌的创立人陈贵德，业内人士无人不晓，尊其为"德叔"。只要你走近德叔，就会被他的睿智与魄力折服。德叔是土生土长的大朗人，却有着北方人的豪放样貌，改革开放的东风让他萌发了创业的激情和勇气，并凭借血液里流淌的诚信，1993年从毛衫贸易做起，一路坚守。如今20多年过去，中国毛织第一村的桂冠、中国毛衫名镇的头衔，如剑之双刃、车之两轮，承载着以陈贵德为首的大朗人织锦锈、织经纬的打拼精神，德叔的创业故事，也成为历经时代变迁而情怀不变的励志典范。

产品融入艺术——献给中国毛衫名镇的厚礼

创新无处不在，无所不能。和所有从事毛衫行业的老板相似，德叔从来料加工到批发零售，走向品牌运作，将打造属于自己的品牌视为企业的终极目标。德叔宏谋远略，跨界发展，收获硕丰，但他深知自己生长在大朗，人生梦想是把握住大朗的毛衫产业航向，并不断助推其走向辉煌。毛织作为他掘到第一桶金的产业，倾注了其难以割舍的感情，为了反哺自己的毛织事业，德叔做了诸

陈贵德常说，少年强则国强

多尝试，比如率先建起一家四星级酒店——业丰国际大酒店、尝试工业地产等。如今，曾一同创业的同伴早已各奔前程，而德叔却初心不变，依然坚定行走在毛织产业的探求之路上。

德叔很善谈，操着一口粤式普通话侃侃而谈，话题总是离不开毛织产业和毛衫名镇，从中便知其对毛织产业的深切情感。"中国毛衫名镇是我们大朗人富民的品牌，带动了80万人的劳动大军，无论做什么事，从事什么行业，这个主业都不能丢！"他坚定地表示，并在品牌打造上另辟蹊径，把希冀的目光投向艺术，组建大朗篮球协会，并以此赋能毛一品牌发展，呈现出独特的品牌形象。

少年强则国强——品牌运作的压舱石

企业运作品牌离不开设计、广告和市场。德叔与众不同的品牌运作充分体现了"条条大路通罗马"。少年强则国强。千里之行，始于足下。孩子是祖国的未来，又是家庭的核心，更是传承事业的接班人。德叔表示，自己从娃娃抓起，从少年抓起，在毛织商贸街打造了一个专属的走秀阵地，模特是幼儿园的小朋友和小学生。来自村里学校的孩子们，身穿毛一的产品，走上德叔打造的舞台，

在音乐的伴奏下秀出自我，成为大朗一道亮丽的风景线。孩子们的爷爷奶奶乐得合不拢嘴，爸爸妈妈刷手机发朋友圈，转身便可步入产品的展示厅，即刻完成微信支付。

设计是品牌发展的关键，由大朗镇知名设计师组成的设计团队，被德叔称为自己的"外脑"。与此同时，他从篮球抓起，挑起了培养大朗篮球劲旅的重担，在国内的俱乐部大赛中屡屡得胜，在国际赛事中也获得过冠军。2019年，他与中国纺织工业联合会合作承办中国纺织行业的篮球比赛，不仅令大朗声名远播，毛一品牌也实现了搭船出海，走向国际，由此，德叔也完成了艺术与品牌的完美融合。

品牌是驶入国际市场的加速器——智慧的结晶

如果说艺术、少年和篮球的三足鼎立，撑起了德叔毛织事业的一片天，那么品牌的命名则淋漓尽致地反映了他的心声。在品牌命名之初，曾有人提议，取一个洋名字，凸显品牌的国际化，那段时间洋名字的品牌在秀场上也随处可见。但德叔坦言，企业取名毛一，除了彰显中国毛织第一村，也寄予着品牌名列前茅的远大志向，表达对于毛衣的钟情，引人产生无限的遐想。

德叔的女儿惠嫦传承了德叔的睿智。随着年龄的增长，惠嫦在德叔的带领下步入接班人的轨道。惠嫦表示，把毛一品牌做好任重道远，像是愚公移山，需要几代人的努力，最重要的是传承。"君子履正路，谋事宜专攻"——感知德叔的厚道，目睹惠嫦的勤奋，令人看到了毛一品牌的大好未来。

在德叔绽放的笑脸中仿佛看到了大朗毛衫的希望与毛一品牌的未来，更看到了大朗毛织产业的创业者孜孜不倦的追求与渴望成功的梦想，我们有理由相信大朗的明天会无限绚烂，更加可期！

林平

林平

数智变革　逐梦丝绸

　　早春时节，达利丝绸（浙江）有限公司的园区笼罩在淅淅沥沥的小雨中，平平如暮烟横纱，淡淡如江舟远山。这里没有一般工业园区机声轧轧的嘈杂，更没有工业粉尘的刺鼻，取而代之的是一片烟雨江南的静谧祥和。这里也是被国家旅游总局评定为国家工业遗产旅游基地、国家AAAA景区和浙江省首批工业旅游示范基地的以丝绸文化为主题的"丝绸世界"文化旅游景区。

　　在润物细无声的春雨滋润下，园区的千年古桑已经长出了嫩绿的新芽，这些新芽将记述达利丝绸精彩演绎的丝绸故事，同时也在娓娓述说着达利丝绸掌舵人林平40年逐梦丝绸的传奇历程。

跨界融合　以"旅游＋工业"助推产业升级

　　丝绸行业是一个古老而传统的行业，达利丝绸在林平的带领下，以"一根丝，一匹绸；一群人，一个梦；一条心，一辈子；一起拼，一起赢"的执着与坚守，历经风雨，将企业做成了行业中的翘楚。

　　随着企业的发展壮大，在市场趋于饱和，竞争日益激烈的情况下，为了突破传统丝绸行业发展瓶颈，林平带领达利丝绸依托丝绸产业和新昌旅游两大资源优势，通过旅游集散中心建设、越罗非物质文化遗产传承基地建设、丝绸文化创意中心等项目的实施，将产业、文化和旅游相融合，全面推进传统丝绸产业向文化创意产业的深度转型发展。创造性地开发了"丝绸世界"文化旅游项目，被国家旅游总局评定为"国家工业遗产旅游基地"、国家 AAAA 景区和"浙江省首批工业旅游示范基地"。

"丝绸世界"以丝绸文化为魂，以现代丝绸为形，融合丝绸工业创意研发、文化体验与观光旅游，形成"文化园林＋博物馆＋工厂旅游＋生态体验＋休闲购物"于一体的全新旅游模式：以"蚕的一生"为主线，融合蚕桑深加工等蚕桑茧丝绸知识，根植丝绸文化，实现向丝绸文化产品的回归，成为工业与文化旅游融合的新标杆，为中国纺织行业的转型升级探索出了一个新的蓝本。

匠心独具　以艺术家眼光审视新产品开发

在创新的同时，林平始终以"原创"为准则，以艺术家的眼光审视新产品的开发。

"问渠哪得清如许？为有源头活水来。"大自然是丝绸原创设计不竭的源泉。为了提升丝绸产品的时尚性，凸显产品的原创性，作为中国纺织摄影协会会长的林平，以一台相机、一片森林为基础，通过从摄影作品到丝绸产品的转化，实现了艺术成果的跨界展示，打造了一个绚丽的丝绸世界，为达利丝绸乃至整个纺织行业做出了特殊的贡献。

为了拍摄独一无二的画面，寻找灵感，他会徒步走入深山老林中，去拍摄珍稀鸟类；或凌晨便爬上天姥山的顶峰，等待云海日出的奇观。为了捕捉猎豹猎获麋鹿的精彩瞬间，他身着迷彩服在非洲肯尼亚的营地里待了半个月，每天与狮吼声相伴。而这些精彩的摄影作品也被应用到其丝绸产品中，正是这份心有猛虎、细嗅蔷薇的精神，达利丝绸的千千万万种设计得以成为不可复制与不可超越的原创"金字招牌"。

同时，他会让公司的设计研发人员去世界各地寻找灵感，感受不同类型时尚文化的碰撞与融合，"我们身处瞬息万变的时尚行业，只有我们的员工拥有了审美技艺与全球视野，我们的品位才会提高，产品才能精进。"

他带头与浙江理工大学一起对不同种类的鸟羽毛进行色彩特征的提取，为整个行业建立了鸟羽色彩组织库，填补了鸟羽色彩特征的真丝织物在国内相关

产品上的空白，为丝绸产品设计提供了源源不断的灵感和设计素材，提升了真丝的附加值。

他带领团队为北京APEC会议提供领导人服饰面料的设计与制造，备受海内外关注及好评；设计制作了国礼6姆米绍纺"和平颂"丝巾；制作的丝绸产品成功入选G20杭州峰会；受邀为《联合国宪章》颁布75周年活动设计制作了礼品及展品。

他牵头负责的越罗制造技艺入选绍兴市非物质文化遗产，组织自主研发的丝绸制品《雀舞芳华》被中国丝绸博物馆永久收藏，成功开发量产越罗面料及其延伸品越罗丝巾等，他一直致力于纺织非遗的传承和推广，被评为中国纺织非遗推广大使。

勇于担当　以雷霆行动践行社会责任

在做好企业的同时，他积极支持国家和地方的公益事业，鼓励、支持员工开展爱心传递和绿色环保等活动。达利丝绸连续多年被评为"关心下一代帮困助学先进集体"，并成为中国纺织服装行业社会责任信息披露示范企业，他个人也是"中国纺织服装行业社会责任建设工作先进个人"，并荣获浙江省人民教育基金会、浙江省教育厅颁发的浙江省第19届"绿叶奖"。

2020年疫情期间，他带领公司先后紧急驰援（捐赠）武汉纺织大学、新疆阿勒泰地区和新昌县人民政府等共计50000余只丝绸口罩。同时临危受命成为第一批省级重点转产生产口罩的企业，为防控疫情提供了5000余万只一次性防护口罩，圆满完成口罩生产任务！他急国家、民族之所急，以行动积极践行责任和担当，为支持浙江地区企业的复工复产做出了突出贡献！

2020年6月，达利丝绸收到了浙江省新型冠状病毒肺炎疫情防控工作领导小组医疗物资保障组的感谢信。并先后被中共绍兴市委、绍兴市人民政府评为绍兴市抗击新冠肺炎疫情先进集体，被中国纺织品商业协会丝绸专业委员会评为抗击新冠肺炎疫情先进单位，被中国丝绸协会评为全国茧丝绸行业抗击新冠肺炎疫情先进单位。

锐意创新　以数智化变革赋能品牌嬗变

"十三五"期间，纺织行业积极践行新发展理念，实现了稳中有进的发展态

在林平的领导下，达利走上了供应链透明化，可持续发展的道路

势。制造根基更加稳固、产业生态持续优化，从规模、结构、速度到质量、效益、安全，产业发展跃上了新台阶，但同时又受到用工难、能耗高、利润率低以及设备老化等多方面因素的制约。为此，他以"全员行动，快速打造丝绸行业数智化变革高地"为突破口，以智能化改造来实现纺织生产的全面升级，进行了一系列的信息化改造、老设备改造，还率先建设了丝绸行业第一条智能数字化生产线，对丝绸生产的关键工序进行智能制造数字化改造，建立了智能无人车间。

2020年，他带领团队在取得倍捻机智能化改造的成功经验基础上，投入大量资金对无捻并丝机和络丝机进行智能改造。建立了智能称重系统，智能电子清纱系统和智能电子定长系统，增加了高效数码倒丝机。无捻并丝机和络丝机经过智能化改造后，生产的每一个筒子的络筒长度一致，使下一道工序的时间减少30%以上，提高了产品质量，减轻了生产工人的劳动强度，使劳动效率提升50%。通过技术改造，将丝绸面料织造的前道准备工序中倒丝的效率提高了5倍，同时也将经轴的整经长度增加了3倍，改造后一个经轴可以连续做一个半月，提高了整经和织造效率，做到整匹绸上面没有一个结头，这是对"达利出品，必是精品"的最好诠释。

同时，他提出将供应链透明化，走可持续发展的道路。通过扫描二维码，消费者即可看到面料的来源信息、工厂的制造信息和周围环境，让达利丝绸的产品"件件可以溯源"，提升产品的环保价值与绿色技术含量，为品牌赋能。

如今，达利丝绸拥有的丝绸世界、丝绸故事、雅慕丝绸艺术家纺、达利发真丝面料四大自主品牌已经拥有广泛的知名度和美誉度。

无论是春风十里还是千里冰封万里雪飘，在这里，每一天都在上演全新的丝绸故事，千年古桑也在用成长的年轮印记着林平逐梦丝绸征途中新的精彩。

林金伟

林金伟

丝路造梦人

林金伟，深圳同益新中控实业有限公司董事长，专注丝绸面料行业30余年。从面料市场到产业基地，从小规模贸易到全产业链，从经济发达城市到对口扶贫国家级贫困县，林金伟带领同益新人，脚踏实地，在短短7年内，使同益新从简单的单体贸易一举跃升为丝绸全产业链的集团企业，从纺织品交易市场低迷的背景下脱颖而出，成为推动广东、广西乃至全国丝绸产业转型升级的丝路造梦人，造就了纺织行业的一个神话，同时也缔造了一位丝路新军创业者的传奇人生。

勤于自强　创新引领快速发展

"不是专业出身，又似命中注定，金谐音'经'，伟谐音'纬'，名字里就注定了恰似面料的经纬线，怎么绕，我都是和面料分不开的。"林金伟笑着说道。

1974年，林金伟出生在自带经商天赋的潮汕大地——广东揭阳，16岁就开始闯荡广州面料市场，当时，纺织行业还是以江浙一带为主产地，广东大多为买卖交易的贸易商。在广州从事面料贸易五六年后，林金伟敏锐地感受到纺织行业的发展前景，于1997年来到深圳罗湖商业城，开启了夫妻档式的零售店创业之路，一面从全国各地批发纺织面料进行售卖，赚取差价，不断地积累原始资金，另一边凭借敏捷的经商思维挖掘市场商机，逐步从单一的小店铺贸易进军纺织面料批发市场。

2001年，凭借敏锐的市场洞察力，林金伟先生又开始从纺织繁杂的多品类批发过渡到细分领域的丝绸面料，实现了产品的首次专业定位，规模由1个档口扩充至5个档口，售卖的质地高档的丝绸面料，在深圳最大的面料批发市场——布都晒布打开了一个全新的局面，益新丝绸行从此起航。

"遍身罗绮者，不是养蚕人。"这脍炙人口的诗句道出了养蚕人的苦，也昭示了丝绸面料自古以来便是尊贵身份的象征。让高品质的丝绸产品走入千家万户，让普通老百姓都能穿得起，也是林金伟涉足这一行业的初心。

至2013年，经过多年在丝绸面料市场的摸爬滚打，林金伟积累了丰富的市场经验和客户资源，创立企业的时机成熟了，他以"同心同德、益人益己、勇于创新"的企业价值观，创立了深圳市厚广丝绸国际贸易有限公司，后更名为深圳同益新中控实业有限公司。针对当时丝绸产品原材料相对稳定，面料花型却缺少创新和时尚感的情况，林金伟果断确定了"数码印花＋设计驱动"的发展战略，逐步将业务延伸至生产和设计环节。

在纺织行业开启以科技、时尚、绿色为定位的背景下，数码印花技术备受市场青睐，因其高效率、低污染等特性成为企业实现绿色生产的重要手段。同时，日益激烈的市场竞争对产品品质提出了更高的要求，使设备的重要性被提上了新高度。真丝市场的淡旺季明显，一旦旺季到来，设备几乎是24小时不停运转，所以设备稳定性尤为重要。"工欲善其事，必先利其器"，林金伟抓住市场驱动力，于2015年果断引进5台国际先进的数码印花设备。"起步要提速，开局要争先，做企业一定要抢占市场先机。"林金伟身上突显了企业家的敏锐和魄力。

到2017年，两年时间同益新便通过稳定的生产及过硬的品质，赢得了大量的客户信赖，同时也吸引了资本市场的关注，国内知名度相当高的投资公司开始对同益新进行A轮投资，并且在以后的两年内连续进行了两轮跟投，给予了同益新充分的肯定与信任。

获得资本注入后，2019年春节前，又一批更加先进的数码印花设备运送到车间。为了确保公司顺利迎接年后到来的生产旺季，林金伟带领同益新技术骨

干放弃了春节假期与家人团聚的机会，坚守在装机一线，在旺季前完成了设备的安装与调试，使真丝数码印花面料达到了10万米/天的产能。

"企业要发展，核心是需要业务的支撑，业务的体量是重中之重。每一笔业务的顺利开展，都需要各个部门从技术上、服务上的相互配合与支持。"通过高科技赋能，同益新实现了飞跃式成长。"数码印花终极设备的安装投产，让我们成长为全国乃至全球范围内首屈一指的数码印花企业。"这样的"大手笔和神速"，足以证明林金伟深耕数码印花的决心和信心。

在大型数码印花加工厂和自主营销体系支撑下，同益新集花型设计、印花加工、面料销售、电子商务为一体，逐步构建了"创客设计＋智慧制造＋供应链服务"的特色运营模式，为客户提供从纺纱、织造、印染、后整理、成品到销售的全产业链服务，得到国内外用户客群的广泛认可，市场知名度、美誉度快速提升。

勇于开拓　新模式助力转型升级

有了先进技术的加持，林金伟带领同益新以更加果敢的步伐快速前行，"大量提高增量，调动国内外所有资源，抢占市场先机，壮大团队。"在"同心同德、益人益己、勇于创新"的企业价值观指引下，林金伟坚持着眼于客户，以柔性制造为基础，以品牌价值为抓手，致力于成为中国丝绸产业文明的引领者。

经过对国内外市场形势的反复分析，并响应国家"东桑西移"及"一带一路"的号召，林金伟高瞻远瞩，制订了"立足深圳，深耕广西，布局全球"的战略规划，利用广西的地域及政策优势，以广西优质桑蚕丝为核心，打造多元化产品线。同时，公司还加强了东莞常平数码印花生产基地、花型创意设计中心等生产研发中心的建设，开始向茧丝绸行业全产业链企业大步迈进。

同益新先后在广西投资建设了广西那坡县同益新丝路新区项目、广西来宾三江口（忻城）桑蚕茧丝绸全产业链产城融合体等重大项目，并且以深圳速度推进广西的所有项目上马落地，充分呈现出林金伟打通丝绸全产业链布局的决心和信心。

2017年9月，林金伟积极响应龙岗区政府的对口扶贫计划，在广西百色市那坡县投资3亿元建设同益新丝路新区丝绸生产线项目。

2018年，完成那坡县"丝路新区"一期基础建设。

2019年1月14日，织造车间剑杆机开机生产真丝坯绸，结束了那坡县无茧丝绸布生产的历史，也标志着同益新正式打通上游产业链。

从立项到建成投产，同益新只用了一年半的时间，行业内前所未有。

2020年初，同益新那坡县"丝路新区"二期开始建设，同时，签订来宾市三江口（忻城）茧丝绸产业园——国丝新城项目，开始推动广西全景布局，进一步扩大产能。

国丝新城的立项建设不仅顺应了国家倡导的经济内外双循环并举的经济发展战略决策，也将改写忻城无真丝绸生产，广西无真丝绸智能化练染印精加工生产的历史，驱动忻城乃至桂中桑蚕茧丝绸产业可持续发展，极大地助力当地乡村振兴和经济建设。

国丝新城堪称是同益新深耕丝绸产业的又一力作。2020年8月，广西同益国丝发展有限公司成立，位于广西来宾市忻城县红渡镇，总用地面积5000亩，分三期开发，专注桑蚕茧丝绸农、工、贸、研全产业链技术研发、创新，绿色、时尚、功能性丝绸产品设计、制造、贸易的农副产品深度加工。旨在打造国内首个丝绸服装全产业链园区，将成为全国最大的单体茧丝绸全产业链园区。

世界桑蚕看中国，中国桑蚕看广西，桑蚕是广西地区的主导产业，对农民增收、丝绸业发展和出口创汇发挥了重要作用，也是彰显广西历史文化底蕴的一张金名片。目前，当地蚕桑产业集约化程度偏低、现代化科技含量不足、产业化机制缺失等问题凸显，急需寻找一个突破口来实现转型发展。

"广西工厂的规模持续在扩张，我们更加需要团队的力量与精神。"针对这个瓶颈问题，林金伟带领团队创建了丝绸研究院，创新研发了人工饲料智能化养蚕，一方面，以工业化思维改造传统蚕桑产业，进一步加大科技研发力度，推动人工饲料智能化工厂养蚕项目的产业化，实现产业转型升级；另一方面，以打造"精品蚕业"为主线，加强蚕桑基地建设，推进蚕桑产业集聚集群发展和全产业链建设，走出一条具有同益新特色的高效生态、规模集约、产销一体、功能多元的现代蚕业发展新路。此外，研究院还联合职业技术学校开设桑蚕茧丝绸专业课程，确保人力资源优势和人才储备，为当地丝绸产业的可持续发展提供智力支持。

在同益新项目的推动下，2018年初至2019年5月两年间，那坡县新增种桑面积3.2万亩，平均每年种植1.6万亩，是2003年至2017年平均每年种植5800亩

的2.76倍。2020年，全县又新增种桑面积1.62万亩，有力促进那坡县桑蚕产业稳步发展。

责任为重　发展不忘造福社会

一路走来，林金伟先生自己也没有预料到，"益人益己"的企业价值观在广西项目上发扬光大，从斥资扶贫、就业扶贫、教育扶贫三个层次逐步深入帮助当地拔"贫根"，先后收获了"2020年第一批广西扶贫龙头企业""百色市农业产业化重点龙头企业""百色市脱贫攻坚先进集体""百色市2019年度'万企帮万村'精准扶贫行动先进民营企业""那坡县2019年度脱贫攻坚工作先进扶贫民营企业""那坡县捐资助学爱心企业""就业扶贫车间""巾帼扶贫车间"等诸多荣誉。

那坡县是"东桑西移"产业转移的缩影，"十二五"以来，那坡县致力于"立桑为业"，实施"科教兴桑蚕"战略，努力创建全国优桑优茧优丝强县，目前，全县桑园面积达12.94万亩。种桑养蚕是那坡县脱贫攻坚、农民增收的支柱产业项目之一，同益新丝路新区丝绸生产线项目落户那坡以后，广大农户看到来了一家集蚕茧收购、生产白厂丝、生产绸布的大企业，都觉得种桑养蚕有了希望、有了靠山。

同益新公司到那坡投资办厂，在带领企业发展的过程中，积极承担各方面的社会责任，帮助蚕农销售蚕茧，在那坡县"万企帮万村"行动中，承担了那坡县龙合镇定业村2018~2020年的结对帮扶工作，通过实施产业扶贫、就业安置扶贫、教育扶贫等帮扶方式帮助贫困村、贫困户实现脱贫摘帽，为那坡县经济社会发展作出了贡献，带动那坡县万户以上农户和4000以上贫困户通过种桑养蚕和进厂就业实现脱贫致富奔小康。

同益新落户那坡后，通过开展资金、技术扶持帮扶村农户发展桑蚕产业，全额收购农户产出的蚕茧，为他们提供产、供、销等服务，使他们得到更多的获得感、安全感。"让对方赚钱，让所有人愿与同益新合作，是公司的愿景，也是对'同德创新、共享利益'的呈现。"在让利于农户这件事上，林金伟毫不含糊。

2020年，受新冠疫情影响，市场蚕茧价格走低，一级茧价格每公斤在32元以内。为保护农户种桑养蚕的积极性和经济利益，县政府提出实行最低收购保

林金伟

护价，一级茧最低保护价要达到每公斤40元。公司尽己所能为政府排忧解难，在脱贫攻坚的任务下，大量收购全县蚕茧，并实行一级茧最低保护价收购。林金伟响应这一举措，既维护农户的经济利益少受损失，也保护他们种桑养蚕的积极性，带动那坡108个村12091户（其中建档立卡贫困户3023户）通过种桑养蚕增加家庭经济收入，促进一批贫困户逐步走出贫困，脱贫摘帽。2020年全年，公司收购那坡县农户出售的鲜蚕茧共460多万公斤，支付蚕款达到1.5亿元，一级茧占90%左右。

同时，林金伟还指导公司通过"公司+合作社"的模式扶贫，在种桑养蚕重点乡（镇）、村建立30个"蚕茧收购合作社（站、点）"，委托其收购农户的桑蚕上交公司，公司给予一定的劳务费，增加农村合作社（站、点）、村委集体经济收入，助推贫困村脱贫摘帽，为巩固公司与基层发展夯实基础。据统计，这一项公司支付的劳务费达到620多万元。

同益新丝路新区丝绸生产线作为一个劳动密集型项目，车间用工量大，共吸收农村劳动力进场就业人数800多人，其中建档立卡贫困户劳动力200多人，帮助解决了当地就业难问题。

"一人就业，全家脱贫"，有稳定的收入才能真正实现脱贫致富，车间安排那么多的就业岗位，一可缓解政府就业压力；二可减轻政府脱贫攻坚负担；三可带动当地劳动力在本县就业，既给他们实现在家门口就业能顾家的愿望，又使他们有了稳定的收入，实现脱贫致富。为了带动更多当地劳动力就业，2020年，林金伟在原投资3.5亿元的基础上，加投2.5亿元，在那坡建设那坡同益新丝路新区炼染数码印花生产线项目，旨在那坡建成集蚕茧收购、生丝加工、坯绸加工、绸缎炼染数码印花的茧丝绸加工完全产业链，既填补那坡县乃至广西茧丝绸加工完全产业链空白，还将新增就业岗位500个以上，项目预计2022年竣工投产。

从做好产品到服务产业升级，从推进产业扶贫，到科技创新，林金伟内心深处的产业报国梦想深深影响着企业发展的每一步。身为一名民营企业家，他带领同益新不断调整战略，致力于打造极具卓越影响力的全球丝绸文化品牌，大力弘扬中国丝绸文化。作为社会的一分子，他不计得失，积极投身绿色生产和产业扶贫之中，也因此被选为中国政法大学绿色发展战略研究院副院长和那坡县第九届政协委员。来自社会各界的认可和信赖对林金伟来说是压力也是动力，推动着他带领同益新披荆斩棘、奋力前行，走出一条中国丝绸的梦之路。

赵焕臣

赵焕臣

在新丝绸之路上放飞梦想

在驰名中外的泰山脚下，山东岱银纺织服装集团董事长赵焕臣凭着一种勇攀高峰的登山精神，实干创新和不懈进取，带领一个小型棉纺厂发展成为一家大型现代纺织服装企业集团，在新丝绸之路上放飞"创民族品牌，做百年企业"的梦想。

在赵焕臣的领导下，岱银集团的生产规模由1996年的3万纱锭发展到现在的50万纱锭、1000台织机、3500台（套）缝制设备，发展成为集纺纱、织布、服装、进出口贸易、跨国经营于一体的大型企业集团，企业相继荣获全国棉纺织行业竞争力排名前20强企业、全国纺织服装重点培育品牌企业、国家纺织品开发基地、山东省重点工业企业集团等一系列荣誉称号。赵焕臣本人也获得了全国劳动模范、全国纺织行业优秀创业奖、全国优秀纺织企业家、中国纺织年度创新人物、山东省富民兴鲁劳动奖章、山东省优秀企业家、山东省优秀中国特色社会主义事业建设者等荣誉称号，并连续当选五届山东省人大代表。

创新引领企业转型升级

赵焕臣认为，纺织服装企业只有不断进行产业升级和自主创新，才能在新

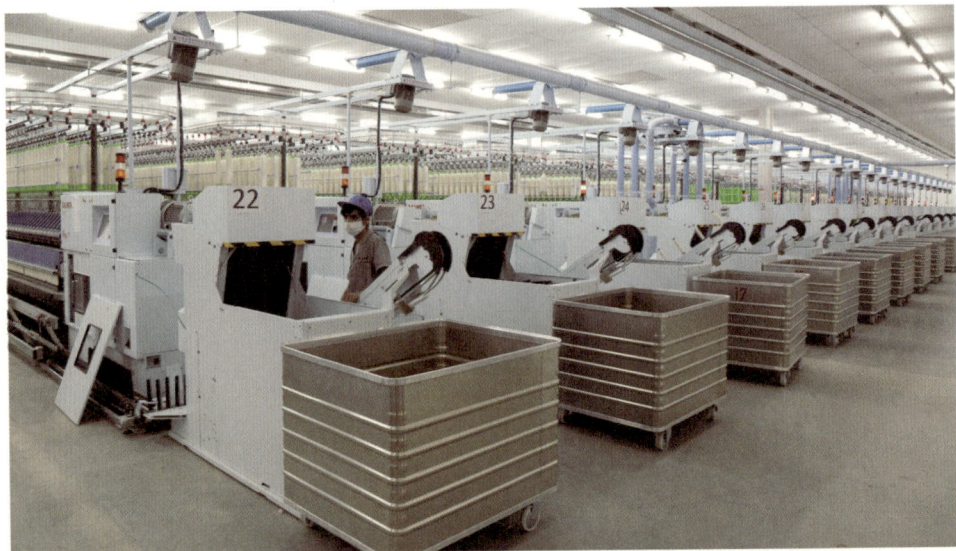

岱银纺织马来西亚公司生产车间场景

一轮的国际竞争中抢占制高点，掌握主动权。在赵焕臣的领导下，岱银集团投资新上了高档牛仔布生产线、高档西服生产线、全自动特种纱生产线等世界一流项目，推动企业由传统产业向高端化升级，由低附加值向高附加值转变，使产品档次和质量步入国际先进行列。赵焕臣坚持走科技创新之路，岱银集团已建立省级企业技术中心、省级工业设计中心和山东省院士专家工作站三大省级研发平台，先后与军委后勤部军需研究所、江南大学、西安工程大学、东华大学、天津工业大学等知名院所建立了战略合作关系，每年都有多个产学研合作项目在省、市、行业协会立项。岱银集团已被中国纺织工业联合会认定为国家纺织产品开发基地，有60多项技术、产品通过省级以上鉴定，达到国内领先水平；获得了中国纺织产品开发贡献奖、山东省科技进步奖等国家、省、市级科技创新荣誉260余项；累计申请专利120多项，授权60余项，其中"一种交捻竹节纱的生产方法"发明专利荣获第十四届中国发明专利金奖，也是当年山东省获得的唯一金奖。

品牌战略为企业发展提速

"在全球激烈的博弈中，如果只停留于简单的订单式加工、贴牌生产，不形成自身的品牌影响力，就只能赚取微薄的加工费，贴牌生产是做减法，越做利

润空间越小；品牌化经营是做加法、做乘法，越做品牌价值越高"，赵焕臣对于品牌战略有着独到的认识，他在企业大力实施品牌创新，通过培育自主品牌来增强企业品牌资产，提高品牌贡献率。岱银集团已拥有"岱银"和"雷诺"两个山东省著名商标，旗下的"岱银"牌棉纱、牛仔布、毛呢以及"雷诺"服装四个产品均凭借优异的品质，获得了山东省名牌产品称号，在国内外市场上树立起了良好的品牌知名度和美誉度。特别是精心培植的"雷诺"服装品牌已推出西服、西裤、商务休闲装、职业装、衬衫、T恤等系列产品，以最新的国际时尚潮流信息为设计主导，专注于为中高端零售群体提供高品质时装，已荣膺中国驰名商标、中国最具影响力商务休闲品牌、中国服装招标采购高端定制品牌等殊荣，在各大中城市建立了200多家销售网点，并成为全国200多家企事业单位的服装采购优秀供应商。"雷诺"服装品牌还在美国成立了贸易公司，进行"雷诺"自主品牌销售，销售网络已覆盖美国、加拿大的20多个城市。

在国际化之路上阔步前行

真正优秀的企业家从来都是走一步，看两步，想三步，成为经济浪潮中的弄潮儿。赵焕臣立足全球，对岱银集团进行定位，将设计、采购、生产、营销各环节在全球范围内进行优化配置，逐步建立跨国企业的发展模式，更好地利用两个市场、两种资源。岱银集团出口产品已扩展到面料、服装两大类100多个系列3000多个花色品种，出口市场遍及全球70多个国家，年出口创汇额从1999年的280万美元增长到2020年的1.6亿美元。在国家"一带一路"倡议的推动下，赵焕臣把握时机，带领岱银集团加快"走出去"步伐，投资5亿美元在马来西亚分三期建设50万锭纺纱项目，一期10万纱锭项目、二期12万纱锭项目已分别于2015年5月、2018年5月建成投产，取得了良好的经济效益和社会效益，成为中国纺织企业在当地投资建厂的典范，下一步岱银集团将继续投资2亿美元建设三期项目，新上28万锭纺纱生产线，总生产规模将达到50万纱锭，年销售收入将达到4亿美元。在对东南亚的越南、柬埔寨等国家以及非洲的摩洛哥等国家考察后，岱银集团在柬埔寨投资建立了服装加工厂，在越南设立了办事处，下一步将继续在"一带一路"沿线国家投资建设服装加工厂，充分享受欧盟对东道国的零关税待遇，同时也绕过美国对我国产品的设限。

赵焕臣与岱银纺织马来西亚公司外籍员工进行工作交流

岱银集团纺纱车间场景

积极培育发展新动能

在赵焕臣的主导下，岱银集团积极推进智能制造，全力打造跨境电商平台，不断培育壮大新动能，积极探索高质量发展的新路径。岱银集团投资实施了雷诺西装智能制造及国际化高级定制项目，积极推进服装车间智能化改造，促进服装生产经营模式转型升级，全力打造全球化高端服装定制领军企业。目前，雷诺西装车间通过智能化改造，已实现了接单、设计、生产、物流、服务等环节的信息化全面集成，能够为全球不同类型客户和团体，提供便捷、高效的个性化高级定制服务，团体订单周期缩短25%，个人订单周期实现7天交货，业务已拓展到美国、加拿大、荷兰、新西兰、澳大利亚等多个国家。岱银集团在美国建成了8000平方米的大型现代化海外仓库，依托海外仓优势，全力打造岱银美国跨境电商综合服务平台，在深圳组建了跨境电商运营团队，初步形成了一般贸易集中出口、海外仓储配送、境内线上运营的经营模式，已在美国的AMAZON、WALMART、GROUPON、JCPENNEY等主流电商平台开展线上销售业务，实现了产品从国内工厂直达国外终端消费者（F2C），走出了跨境电商的新路径。目前，已与120多家中小企业签订合作协议，为产品境外销售提供综合服务，下一步争取用3~5年的努力，将岱银集团跨境电商平台服务延伸到更多的"一带一路"沿线国家，形成新的外贸增长点。

打造百年企业永不止步

放眼全球，世界经济格局每时每刻都在发生变化，赵焕臣表示，岱银集团将以现代纺织产业为基础，以服饰为先导，立足"打造百亿、百年企业"这一发展目标，以科技创新和品牌培育为方向，坚持绿色发展、生态发展、可持续发展的理念，加快对核心产品、核心技术和核心能力的培育，将"岱银"品牌创办成国内外知名品牌，将"雷诺"品牌培植成世界一流的服装品牌，加大国际化经营力度，实现全球化采购、全球化设计、全球化生产布局、全球化销售，创新管理机制，建设人才队伍，培育企业文化，培植持续竞争力，努力将岱银集团发展成为永葆活力、引导潮流的大型纺织服装企业集团，在新丝绸之路上放飞梦想，实现新的跨越和发展。

查小刚

查小刚

盯紧小细节　成就好企业

查小刚所经营的联宏纺织是一家从2000年3月改制的股份制企业，前身为大集体企业——张家港市羊毛衫厂。迄今为止，经过20多年来的科学决策，精细化管理，联宏纺织已发展成为集染、纺、织于一体的纺织集团企业，拥有德国、意大利、法国、日本等世界一流自动化纺纱成衣设备，是张家港市重点骨干企业之一。

夯实硬实力　打破瓶颈谋发展

查小刚勤奋好学，自修管理专业，先后经供销员、车间主任、分厂厂长、总厂副厂长、厂长等多岗位历练，逐步成长为一位开拓创新、科学决策、善于管理、勤奋博学的企业家。1998年，年仅32岁的查小刚便被推上管理1500多名职工的领导岗位。从领导濒临倒闭的张家港市羊毛衫厂起，就注定了他不平凡的命运，联宏纺织的每个角落，都记载了他的点点滴滴，每个车间都记载着他带领联宏纺织发生的变化。

他带领联宏纺织经过几十年的探索和积累，创出了一条独具特色的发展之路，实行三步走策略，一是通过实施创新驱动战略，实现公司增长动力转型；

查小刚带领企业积极开展国际合作

二是通过提高管理精细化水平，加强企业形象和品牌建设；三是通过强化节能措施，减少生产过程中的资源消耗和能源消耗。

在产品方面，查小刚大力宣传"三品"战略，成立技术开发团队，着力推进产品差异化，充分挖掘纱线的性能特点，利用产学研优势，与东华大学、江南大学、苏州大学、常州纺院等著名院校进行合作，不断提升产品的附加值，提档升级。更是先后成立了江苏省多功能新型纱线材料工程技术研究中心、江苏省企业技术中心、江苏省研究生工作站、张家港市企业研究院等研发载体，为企业产品创新提供了平台，在公司技术团队的努力下，已获得13项国家发明专利、65项国家实用新型专利、5项江苏省高新技术产品项目和2项新产品鉴定。

在设备方面，针对原来技术落后、设备老化、产品单一等制约企业发展的瓶颈问题，查小刚制订技改目标：提高装备水平，提升产品档次。近年来，公司淘汰落后的国产设备，先后引进德国、法国的精纺设备，意大利的粗纺设备以及德国全自动电脑横机等国外先进设备。通过设备改造引进后，粗精纺的生

产品种扩展到高支羊绒纱、全毛纱、混纺纱、针织纱、机织纱等多门类宽领域产品，既稳定了产品质量，又减轻了用工成本。

公司现如今80%以上的纺纱装备已经达到国际先进水平，为开发新品，打造品牌，提高产品质量夯实了良好的基础。公司更是拿出奖励在小改小革、质量攻关方面加以鼓励，激励员工作出成就。

提升软实力　　多措并举促腾飞

随着新时代的到来，传统纺织业要在以后的市场站稳脚跟，必须打破原有的生产模式，查小刚敏锐地觉察到了这一信息，结合公司实际情况，先后引进PCS、MES、ERP三大管理系统，对公司染色厂、纺纱厂、针织厂设备进行了数字化的全面管控，真正提高了生产效率，降低了劳动强度，在速度和质量上得到了统一。如今，联宏纺织正以更开放的胸怀拥抱智能制造，打造出更多的"智能车间"，最终串联起一座充满不竭动力的"智能工厂"。

设备先进了，人才要跟得上，联宏纺织通过内培外训的方式，鼓励大学生到一线从事设备技术和生产工艺的研究，培养他们成为技术专业能手，其次通过聘请国内外专家进行授课，传授最先进的专业知识，提升员工技能水平，最后通过奖励等方式，调动人员的积极性，大幅度提升公司产品的质量、设备的先进性。

同时查小刚十分注重市场拓展，为应对国际市场的不景气、贸易摩擦不断、汇率波动大的局面，从2012年开始，他就转变经营策略，注册"雪兰"自主品牌，提出利用多年贴牌加工经验，进一步开发内销市场，进行自主品牌的拓展。聘请专业设计和销售团队，明确品牌的市场定位、产品组合、渠道、市场推广策略，创新销售模式，将顾客体验与产品性价比相结合，建立立体的销售模式，积极推进毛衫产品走自主品牌专营之路，做到以品牌应对挑战，以品牌提升效益。

联宏纺织在管理创新的道路上同时并行多条措施：开展国际合作、满足消费者差异化需求的品牌延伸管理、助力经营战略提升；注重企业知识管理、依托软硬件设施、强化技术改造与创新；建立健全员工考评机制、强化员工能力提升，打造素质高、业务精的高层次员工团队；实施信息化整合企业资源、提高组织的运行效率、现代化运营管理企业；构建独特的企业文化识别体系、增

查小刚培养了大批技术能手

强企业软实力；积极响应国家号召，助力扶贫，2002年响应省政府苏南、苏北对口帮扶的战略决策，先后投入5000多万元在洪泽办企业，实现企业的社会责任。

联宏纺织以道德为导向，倡导人文精神，实现人性化管理；健全员工沟通机制，充分吸纳员工意见，鼓励员工参与制度的制订，并及时修改不合理的制度，实行自我管理。积极开展各项文体活动，丰富员工业余生活，营造联宏之家的温馨氛围。同时企业管理层持之以恒，坚持不懈，不断寻求技术创新和品牌与设计推广双轨发展，使联宏纺织在行业稳扎稳打，既注重企业内部的精细化管理，又与不同的利益相关者进行紧密合作，形成独特的企业价值分销体系，取得了良好的经济效益和社会效益。

莫炳荣

莫炳荣

践行"三牛精神"的楷模

他在党政机关干部心目中，是位自觉履行社会责任的企业家；

他在同行及客户心目中，是位诚实守信的好伙伴；

他在股东心目中，是位有胆有识有担当的掌舵人；

他在员工心目中，是位一心扑在工作上的好领导。

他就是浙江嘉名控股有限公司董事长兼总经理莫炳荣。30多年如一日，他在经济战线认真践行"三牛精神"，爱岗敬业，创新创优，苦干实干，为国家和社会奉献了自己的智慧和力量。

爱岗敬业　勇于奉献的孺子牛

出生于20世纪60年代一个普通农民家庭的莫炳荣，从小受到父母正直、朴实、吃苦、勤劳的言传身教，立志成人后要做一个对社会有用的人。高中毕业后，他曾从事过教师、企业会计、副厂长等工作岗位，由于在不同岗位表现优秀，被当时的所在镇党委任命为镇资产经营总公司副总经理。1989年11月，他又被镇党委、政府委派兼任"嘉名"前身的灵安经编厂厂长，从此，他走上了一条弃政从商之路，他的人生、企业命运与国家改革开放的大潮紧紧连在一起，

195

风雨同舟。

1997年，乡镇企业改制，灵安经编厂改制为股份制民营企业，莫炳荣为新企业选取了英文单词——CHARMING，寓意美好的名字——嘉名，企业全称为桐乡市嘉名针织实业有限公司，他担任公司董事长兼总经理。随着企业的发展壮大，嘉名纺织、嘉名染整、嘉兴针织科技等子公司应运而生，母公司更名为浙江嘉名控股有限公司，由此，嘉名步入了快速发展的轨道。

30多年来，莫炳荣团结带领全体嘉名员工，始终依靠科技、技改、管理三驾马车，艰苦奋斗，不懈努力，从小到大，从弱到强，使嘉名发展成为长三角地区针织印染行业有影响力的高新技术企业，企业综合实力和核心竞争力不断增强，确保了企业持续健康发展，打造了实力嘉名、创新嘉名、品牌嘉名、绿色嘉名、和谐嘉名，成为中国针织行业百强企业、中国印染行业三十强企业，为国家、为社会做出了突出贡献。

创新创优　勇立潮头的拓荒牛

嘉名在发展过程中，莫炳荣始终以新发展理念和创新意识，干在实处、走在前列、勇立潮头，自觉履行好社会责任，坚持追求经济效益与社会效益同步，坚持客户、员工、股东、政府的利益同享。

坚持创新发展。他以新理念谋划发展，积极应对千变万化的国内外市场环境，提出了"市场引导，创新驱动，精益管理，降本增效，绿色发展，和谐共赢"的经营方针，先后建立了浙江省级企业技术中心、浙江省级企业研究院等技术创新研发平台，持续开展技术和管理创新活动，广泛开展QC小组活动，不断增强自主创新能力。近20年来，嘉名拥有发明专利14项、自主研发实用新型专利50项，完成国家火炬计划项目3项、省级重大科技专项1项、省级科学技术成果登记35项、省级新产品共130余项、桐乡市科技计划项目31项，荣获桐乡市科技进步一等奖1项，嘉兴市、桐乡市科技进步三等奖多项，许多面料入围中国流行面料，中国生态环保面料，中国时尚面料，中国优秀印染面料一、二等奖等，形成一批差别化多功能环保型的高档新型纤维材料产品，增强了企业的市场竞争力；嘉名多次荣获中国针织行业科技开发贡献奖、中国纺织工业联合会产品开发贡献奖、中国针织优秀品牌行业大奖、浙江省创新大奖企业、桐乡市首批创新先锋企业等荣誉。莫炳荣个人曾荣获中国纺织行业年度创新人物、

全国优秀纺织企业家荣誉称号。

坚持绿色发展。他把抓好环境治理作为履行社会责任的自觉行动，在投资嘉名染整时，就不惜巨额投资建立了污水处理中水回用项目，并每年持续投入深化提升环境治理，确保"三废"排放100%达到国家标准，同时抓好清洁生产、节能减排、光伏发电、"煤改气"等绿色发展项目，成为行业标杆。嘉名先后获得中国针织行业环境优化·节能减排优秀企业、省绿色企业、省节能先进单位、省节水型企业、嘉兴市"节能之星"、嘉兴市最具社会责任感环保企业、嘉兴市制造业推进绿色发展十大优秀企业等荣誉。莫炳荣个人也荣获了嘉兴市十大环保风云人物。

坚持"两化融合"发展。他从嘉名染整成立以来，就着手把信息化建设作为企业管理的基础性工作来抓，投入建立ERP软件管理系统，每年更新、充实、完善，使ERP软件管理系统全方位地运用到生产、经营、管理各个环节中。随着互联网和信息技术的发展，近年来，嘉名又推进"两化融合"和数字技术的运用，深度开发运用ERP系统，运用OA管理软件，制作"嘉名掌中宝"。2016年又投入4000多万元更新设备升级软件，采用中样集控系统控制生产，2019年染色车间全面实现自动化在线输送。通过建立智能化管理系统，实现生产执行管理系统（MES）、计划管理系统（APS）及现场自动化系统（SFC）的结合，实现了减员提质增效。2021年又启动建立大数据私有云平台、超融合大数据中心，加快推进产业数字化。嘉名的《全面推进信息化，提升企业管理水平》和《以智能制造平台为核心的印染生产管理数字化转型实践》管理创新项目分别荣获2014年浙江省现代化管理创新成果二等奖、2020年全国纺织企业管理创新成果二等奖。

坚持和谐发展。他把建设和谐企业作为履行社会责任的重要职责。聘请政府部门退居二线的领导干部担任企业党建指导员，以党建引领企业文化建设，制定《嘉名公司党建工作管理办法》，推进党建工作标准化、规范化建设，有声有色开展"一融合三服务"的嘉名特色党建。他打造嘉名先进文化，抓好诚信建设，推行"三治融合"治理，倡导"诚实做人，用心做事，快乐工作，健康生活"的企业氛围。他抓好员工队伍建设，重点抓好党员、干部和大学生员工的三支队伍建设，凝心聚力，争先创优，注重员工的岗位培训和管理者的能力提升，创办"双元制"大专班，形成具有企业自身特点的人文理念体系。嘉名

莫炳荣与车间生产人员了解状况

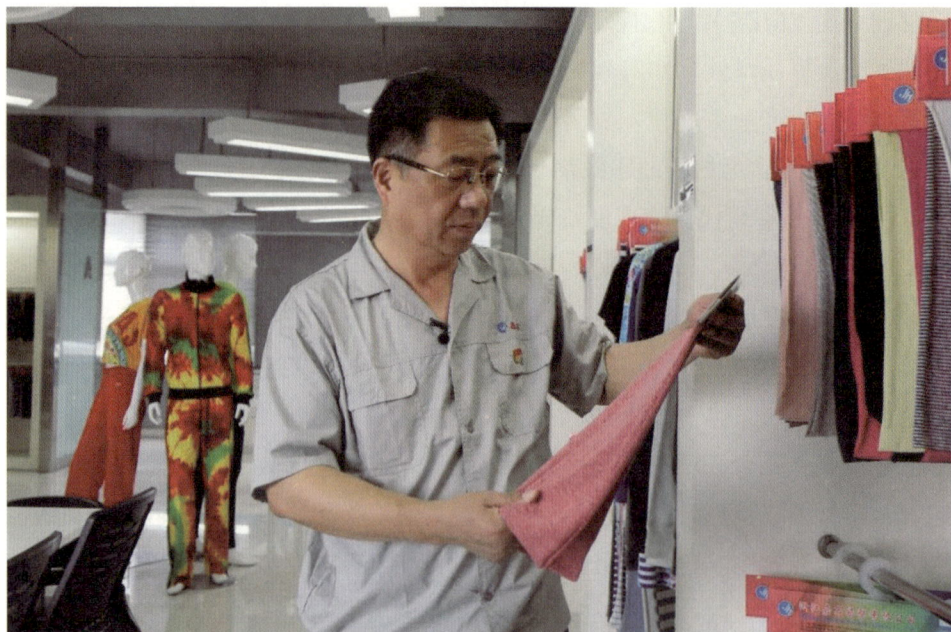

莫炳荣在样品间查看产品

通过厂报、厂歌、网站、微博、公众号、形象片、产品画册和社会责任报告为一体的企业形象宣传体系，提升企业影响力和美誉度，增强员工的凝聚力和归属感。

苦干实干　艰苦奋斗的老黄牛

莫炳荣作为一名具有30多年党龄的企业家，始终保持党员的政治本色，坚定政治信念，坚持听党话，跟党走；保持良好的学习习惯和职业道德，既思维敏锐、胆识过人、勇于创新；又具有苦干实干、艰苦奋斗的优良作风。他常教育员工要牢记"三个永不过时"的理念，即艰苦奋斗的优良传统永不过时；勤俭节约的优良传统永不过时；劳动光荣和创造伟大的优良传统永不过时。

作为企业的领头羊，莫炳荣以身作则，率先垂范，一心扑在工作上，365天几乎从没休息过，他最早上班、最迟下班，10多个小时勤勉工作，天天如此。他低调做人、务实做事、作风严谨、生活节俭，快节奏地工作，家和公司两点一线的生活，已成为他多年的习惯。一天忙到晚使他容不下与工作无关的事情。他个人的节俭生活丝毫不影响他对员工福利事业的投入和关怀。他通过深入开展"双爱"活动，建立"利益共同体"。嘉名高标准建造了9000多平方米的员工公寓楼，配套建造了三层、3000多平方米的后勤和文化活动楼，改善了员工的生活条件和文化生活，同时持续增加员工收入，不断改善员工福利，定期进行员工健康体检，建立"嘉名关爱基金"，慰问困难员工成为常态化，累计资助70多人次困难员工；2020年还建立了"嘉名残疾人之家"，为残疾人提供就业服务场所；同时还积极参与社会公益、助学捐资、慈善捐助等活动。

2021新年伊始，党和国家领导人勉励全党、全国各族人民大力发扬"为民服务孺子牛、创新发展拓荒牛、艰苦奋斗老黄牛"的精神，在全面建设社会主义现代化国家新征程上奋勇前进。企业家莫炳荣在30多年创办企业中很好地践行了"三牛精神"，体现了一名优秀企业家的风范，也成就了自己人生的精彩。精神上的满足和事业上的成功是他所追求和享受的，正如他常对下属说的："要快乐地工作，从工作中享受乐趣，体现人生价值。"正是他严于律己，躬身践行，以一身正气感召他人，使嘉名形成了厂风端正、凝聚力强、和谐进取的良好氛围，为企业持续健康发展提供了强大的精神力量。

夏爱珍

夏爱珍

心怀报国梦　智造中国"衣"

"红爱"这个名字，纺织服装行业的人并不陌生。但很多人不知道的是，这家大家认为的传统纺织服装企业，早已实现由传统产业向智能制造、向高新技术产业和战略性新兴产业的转型升级。

一个又一个社会和行业的"奖杯"，是企业转型最好的注脚。红爱先后荣获国家首批专精特新"小巨人"企业、国家两化融合管理体系贯标试点企业、国家纺织服装创意设计试点平台、中国纺织行业智能制造试点示范（服装行业C2M工厂）、中国服装行业百强企业、全国纺织劳动关系和谐企业、中国服装行业科技进步奖、世界制造业大会创新产品金奖（红爱服装智能工厂解决方案）、国家级绿色工厂、安徽省"千企帮千村"精准扶贫行动先进民营企业、安徽省就业示范基地等。

企业跨越式发展的背后，通常都有一位锐意进取的企业家。掌舵企业15年的公司党支部书记、董事长夏爱珍，便是红爱"背后"的这个人。

15年来，他从一家小厂起步，依靠艰苦创业，全面创新，走出了一条转型升级、做大做强做优的发展之路，把企业带进中国服装行业智能制造的前列；

他用爱党爱国的信念、产业报国的担当和奉献社会的情怀，为时代树立了榜样。

开辟智能制造新赛道

夏爱珍身上最鲜明的特质，就是敢于创业、勇于创新的企业家精神。20世纪80~90年代，他曾辗转安庆宿松、福建石狮、北京、俄罗斯莫斯科等地，学艺、打工、经商，当过裁缝，做过技术工人，开过定制店，创办过企业，从事过外贸等等。2005年响应政府号召回乡后，白手起家、艰苦创业，创立红爱，带领企业一次次走出诸如亚洲金融风暴、中美贸易摩擦、全球疫情影响等诸多困境。

2015年，夏爱珍就瞄准了服装智能制造领域的最前沿，不断攀高比强，到如今终于把企业做到了全国领先。他凭借过人的胆识、意志和魄力，冒着失败的风险，率领60多人的研发团队，花费3亿多元，历时6年多，完成国内鲜有的智能制造技术创新，建成了目前国内领先的自动化、信息化、数字化、智能化的服装智能工厂，并用全套智能制造解决方案赋能中小企业转型升级。

在2015年红爱集团10周年庆典上，有管理干部当面问他："董事长您冒这么大风险搞智能制造，有没有想过失败？"他认真地说："确实想过。失败了就由我个人来承担吧，大不了从头再来；而成功了则于国、于民、于企都有利。我们国家、我们纺织服装行业，太需要进行智能制造转型升级了。冒这个风险，值！"这就是一个民营企业家的胸襟和担当！

如今，夏爱珍制订的"看着世界地图做企业，沿着'一带一路'走出去"国际化战略，已让红爱在俄罗斯、乌克兰、法国、意大利等30多个国家设立了代表处，业务覆盖全球60多个国家和地区，实现了从乡镇企业到国际化公司的凤凰涅槃！

"跳出红爱看红爱，才能发展、提高红爱。"这是夏爱珍最喜欢说的一句话。也正是因此，他才能带领红爱一次又一次跳出传统桎梏，转型以谋生存，开辟一个又一个面向未来的产业新赛道。

打造红爱"红色风景线"

在充满艰辛的创业历程中，夏爱珍身上时刻体现着信念坚定、对党忠诚的党员意识。他很看重自己的党员身份，始终担任红爱党支部书记。正是在夏爱珍的重视和推动下，红爱党支部连续多次被评为安徽省"双强六好"非公企业

党组织、安庆市先进基层党组织、安庆市四星级服务型党组织、宿松县优秀"双强六好"党组织、宿松县经开区先进基层党组织等。

这些年来，夏爱珍把党建工作融入生产经营、人才培养、社会责任、企业文化、和谐共建之中。红爱公司投入50余万元，高标准建成红爱党群活动服务中心，累计落实工作经费10余万元，党建扶贫经费120余万元，公益投入资金80余万元。红爱以党组织聚人心，以党员带队伍，以党建促生产，摸索出民营企业党建工作与企业发展"双轮驱动"新模式，为民营企业加强党建工作创出了一条新路。

2021年1月，安徽省委非公工委专门报道了红爱党建工作的做法，安庆市和宿松县也积极推广红爱党建工作特色，定期组织党员干部来这里学习观摩。

勇担时代责任　弘扬企业家精神

沧海横流，方显英雄本色；吹尽黄沙，始见赤诚真心。自2015年国家打响脱贫攻坚战役以来，夏爱珍多次表示，"我们红爱要始终确保企业员工没有一户困难户，大家每个人都有尊严地生活在红爱大家庭中，并且要持续助力地方脱贫攻坚！"

夏爱珍带领红爱探索出了以产业扶贫为中心，以就业扶贫、公益扶贫、智力扶贫、结对帮扶、支援新疆等5大工程为抓手的"民营企业'1＋5'立体扶贫新模式"。产业扶贫，建立了"龙头企业＋产业集群＋贫困户＋扶贫车间"的特色模式，带动全县纺织服装从业人员实现家门口就业；就业扶贫，公司共吸纳贫困户50户、特困户4户、残疾人12名稳定就业；公益扶贫，为宿松美丽乡村建设、防汛抗洪灾害救助、生态修复等多次投入资助资金；智力扶贫，发起教育基金会，资助贫困家庭孩子求学；结对帮扶，创办农业公司，吸纳贫困劳动者；援助新疆，结对新疆皮山县阿亚格阿孜干村，支持和田地区各族群众奔小康。公司多年来深入开展脱贫攻坚工作，荣获"扶贫先锋奖"，先后被评为安徽省"千企帮千村"精准扶贫行动先进民营企业、省级就业扶贫基地、市级就业扶贫基地、巾帼扶贫基地。

2020年，在助力抗疫过程中，夏爱珍带领红爱率先建成投产高速全自动口罩生产线、智能化防护服及隔离衣生产线、熔喷布生产线、GMP净化车间等，日产口罩300万只、手术衣/防护服5万套，生产的防疫物资优先供应政府调拨

夏爱珍查看车间生产状况

夏爱珍被评为安徽省非公有制经济人士优秀中国特色社会主义事业建设者

使用，被评为安徽省第一批疫情防控重点保障物资生产企业。疫情发生后，红爱为各级政府、各类企业、各个学校累计捐赠20余批次、价值150余万元的口罩、防护服等防疫物资，收到来自包括安徽省疫情防控指挥部、湖北黄冈企业等发来的多封感谢信，感谢红爱的抗疫担当。

近几年，因夏爱珍出色地履行新时代民营企业家的使命和担当，他先后被评为全国归侨侨眷先进个人、全国优秀纺织企业家、安徽省非公有制经济人士优秀中国特色社会主义事业建设者、安徽省制造业优秀企业家、省战略性新兴产业技术领军人才、安徽省服装行业优秀企业家、安徽省优秀创业者等。

在未来的发展道路上，虽然会有各种不确定、不稳定的因素，但是夏爱珍满怀信心地表示："中国有14亿人口的广阔市场，有全球最大的移动互联网和高铁网络，衣食住行这民生四大领域，服装占据2.8万亿的市场规模，能容得下足够多的想象与'野心'。我们将以习近平新时代中国特色社会主义思想和党的十九大精神为指引，凭借我们民营企业'敢为天下先'的发展基因，再一次乘风破浪、砥砺前行！"

徐为民

徐为民

细节决定成败

徐为民拥有近30年的服装市场管理运营经验，在常熟天虹服装城任职的十多年时间，引领常熟天虹服装城迅速崛起并迈入发展的快车道，成为中国服装专业市场标杆。在他的带领下，常熟天虹服装城坚定"特色定位、错位经营、精品女装、专注批发"的市场经营方针，走出了一条高质量、有特色的改革发展道路，在常熟服装城区域树立起独具特色的精品女装批发品牌。

优质服务贵在细节

2018年以来，纺织服装行业整体面临下行压力，在天虹服装城所在商圈其他市场增长乏力的大背景下，徐为民不断发掘专业市场经营新模式，通过科学的经营管理改革、市场形象升级、优质商户孵化、营销宣传创新，逆势而上，实现市场整体经营效益保持稳定增长。他多年创新形成的管理模式，备受专业市场从业人士关注，成为大家借鉴的范本。

在日常管理方面，结合常熟天虹服装城经营特点，创造性提出并较好运用在管理实践中的"商户三有管理标准"，要求全体商户按"三有"管理标准落实，推动批发氛围建设、场景营销建设，实现商户经营稳定和批发量持续增长；制订《市场管理公约》规范市场商户经营行为，同时也规范着市场经营者的管理服务行为。

在楼层管理方面，强调楼层业态建设，地下一层定位时尚潮流女装、女裤批发；一层、二层定位时尚潮流女装批发；三层、四层定位精品女装批发；五层定位品牌女装批发。保证楼层业态清晰，经营秩序良好，市场商户定位鲜明各有特色。

在货品管理方面，强调低价批发，品质为先，建立严格的货品要求标准，落实常态化管理，引导商户上新速度快、上新频率高，做到货源充足、品类齐全、款式多样、时尚度高，建立货品经营优势。

在商户管理方面，强调诚信经营、优质服务，带领常熟天虹服装城成功申报江苏省"正版正货"示范街区，编制推行《天虹服装城优质服务规范》，要求全体商户以此为标准落实诚信经营和优质服务，充分发挥市场拿货门槛低、组货灵活、调换方便、售后完善的服务优势，树立优质经营口碑。

在经营创新方面，积极推动市场商户品牌化建设，引导商户引进优质精品女装品牌，大力孵化自主品牌，打造品牌优势，实现企业化运营管理升级。同时，积极从全国各地引进年轻有冲劲、经营实力强、理念新、学习能力强的优质商户入驻常熟天虹服装城，为市场经营创新注入新的活力。在此基础上，常熟天虹服装城还持续投入资金进行升级改造，推动市场环境优化、店铺形象升级，打造与时俱进的市场时尚形象。

在营销推广方面，推行线下渠道和线上新媒体渠道相结合的宣传推广模式，每年投入大量资金用于公交车身、楼宇电梯等传统广告媒体，并积极推动微信、抖音、朋友圈等新媒体宣传渠道开发。同时，积极组织开展营销活动，做到市场"月月有活动"，营造火热批发经营氛围，在此基础上，常熟天虹服装城还根据市场楼层定位，组织开展常态化营销活动、创建特色示范街区，先后成功推行四楼"周三开货节"、五楼"周二品牌赶集日"，成功打造的"1F西大道"为实力商户集中区，创建"1F东大道商户服务示范区"。此外，还建立起常熟天虹服装城商户产品宣传推广的多功能信息库，信息库的有效使用为常熟天虹服装城商户的品牌拓展发挥了积极作用。

在市场招商方面，确立"有标准、有计划、有引导"的招商方针策略，每年根据市场发展的不同阶段组织外出招商，分别从上海、杭州、郑州、武汉、

南京、北京、广州等地引进一批有实力、有理念、有形象、产品有特色的商户进驻常熟天虹服装城，通过一批又一批商户的招商引进推动了常熟天虹服装城商户的品牌升级、形象升级、管理升级。

在商户服务方面，成立天虹商学院，开展特聘讲师讲座计划，定期邀请标杆商户代表、管理公司部门负责人围绕"优质服务、品牌化经营、场景营销、宣传推广、店铺管理、消防安全"等核心课题开展各类专项培训讲座，并组织市场商户及从业人员集体学习，分享行业最新动态，讨论热点话题，通过交流分享提升经营能力改进经营观念，帮助商户更好地应对市场变化。

此外，天虹每年多次组织商户和市场管理团队前往韩国、杭州、上海、广州、深圳等地的成功市场考察，通过对照标杆发现差距；实施新商户孵化计划，要求市场管理部门委派专人一对一帮扶新商户，让每一家入驻的商户都能够从一开始就充满信心，快速跟上市场的节奏，运用常熟天虹服装城的平台优势实现经营突破；每月定期举办品牌招商对接会，为常熟天虹服装城商户和来自全国各地采购商提供了合作交流平台；搭建常熟天虹服装城战略合作平台，即建立常熟天虹服装城合作联盟，与江苏100多家服装零售市场达成合作，共谋发展。

良好信誉源于积累

在徐为民的带领下，如今常熟天虹服装城六个楼层充满经营活力，批发氛围浓厚，楼层业态合理，汇聚来自海内外知名女装品牌厂商、省级总代理商以及众多专业买手。常熟天虹服装城培养出了一批又一批经营实力强大的商户队伍，他们以敏锐的洞察力着眼市场变化，对产品更新做出快速反应，脚踏实地、敢于创新的经营模式，使常熟天虹服装城批发辐射区域越来越广，稳稳占领江苏各县市较大零售份额，批发交易量呈现逐年增长态势。

多年来，徐为民倾注心血为常熟天虹服装城培养了一支重管理、重服务的管理团队，从招商到选商，层层把关，严选优质商户入驻常熟天虹服装城，在日常工作中将产品更新、四季货品经营、楼层区域特色建设、产品丰富性和高性价比作为市场产品管理工作重要抓手，每年都在不断提高基础管理工作标准，使常熟天虹服装城市场形象不断提升，经营秩序不断优化。此外，常熟天虹服装城管理团队还十分重视常熟天虹服装城商户再教育，通过开展各专项培训，帮助常熟天虹服装城商户提高经营能力和改进经营观念，增加商户在市场经营中的竞争力。

迅速崛起的常熟天虹服装城备受江苏省各级政府和行业关注，2011年12月18日，时任国务院总理温家宝视察常熟天虹服装城；2011年12月被中国商业联合会商品交易市场专业委员会评为中国市场年度先进管理机构；2013年1月被评为中国市场优秀管理机构；2010年、2011年连续两年被中国纺织工业联合会评为全国十大专业市场；2013年6月荣膺江苏省十大最具投资价值商业地产项目；2014年12月被纺织服装周刊杂志社授予十大创新市场；2015年12月被纺织服装周刊杂志社授予十大标杆市场；2016年1月被江苏省知识产权局、江苏省工商行政管理局、江苏省版权局授予正版正货示范创建街区；2016年12月被中国纺织工业联合会流通分会授予中国羊绒/羊毛大衣批发基地称号；2016年12月被中国纺织工业联合会授予产品开发推动奖；2019年10月被中国商业联合会商品交易市场专业委员会评为年度中国最具时尚影响力服装专业市场；2018年、2019年连续两年被中国纺织工业联合会流通分会授予中国服装品牌孵化基地称号。2020年11月荣获2019~2020年度中国纺织服装流通大奖。

徐为民总是强调常熟天虹服装城作为专业市场标杆的社会责任意识，大力弘扬"乐善好施，守望相助"的中华民族传统美德，努力构建心系公益的企业文化，坚持把党建文化、企业文化与慈善文化相结合，在生活和工作上处处关怀员工，建立和谐友爱的企业"家文化"，让每一位员工都有归属感。在企业发展中积极推崇慈善理念，热心支持公益事业，积极参与慈善活动，对内帮扶困难职工，对外捐赠慈善机构，创造了稳定和谐的企业内外部发展环境，在城市文明管理中多次荣获文明市场、无烟市场等荣誉。

面对2020年的新冠疫情，徐为民带领常熟天虹服装城勇担社会责任，第一时间建立天虹疫情防控小组，在疫情初期就保持高度防范意识，1月23日就启动防疫物资采购预案，根据实际需求提前准备足量口罩、酒精、免洗洗手液、防护服、测温枪等，保证了复市后防疫物资配给充足，并强化闭市期间市场卫生消毒工作，保障了市场的安全生产工作。在疫情防控期间，市场积极为复工复产做好准备，与商户保持密切沟通交流，通过线上审核为1800多名市场从业人员提前办好入场工作证，确保了复市后商户第一时间恢复正常营业。正式复市后，认真落实市场防疫管控工作，采取从业人员与采购商分流入场，其中采购商必须完成验证"苏城码"、30天行动轨迹、测量当天体温、登记个人信息后方

徐为民十分注重服装专业市场企业家的责任担当

能通行，不遗漏任何一项、任何一人。

同时，他积极牵头组织防疫捐助，发动公司员工、倡议市场商户，从募集爱心捐助和捐助医疗物资两方面驰援抗击疫情，向武汉市第一医院捐赠总价11.85万元的医用隔离眼罩1500副；向疫情严重、防疫资金短缺的黄冈市捐赠人民币10万元；向江苏省政协发起的"支持援鄂一线医护队员专项资金"捐款1万元。

作为常熟天虹服装城转型升级发展的领头人，徐为民在专业市场经营管理、改革创新、履行社会责任等方面励精图治，取得了优秀的业绩，为行业发展发挥了示范带头作用，体现了作为服装专业市场企业家的责任担当。常熟天虹服装城在他的带领下，经过多年的深耕运营，目前已经进入了厚积薄发的阶段，不仅成为常熟服装城商圈的龙头市场，也在逐步成长为全国一流的女装专业批发市场。

成绩属于过去。徐为民说，常熟天虹服装城未来要坚持精品女装、低价批发、错位经营的战略，充分发挥自身经营优势，进一步打响品牌知名度，成为与上海、杭州齐名的精品女装批发市场标杆，打造成全国专业市场的典范工程。昔日愿景已成现实，新的目标又推动着他阔步前进，在徐为民带领下，天虹服装城一路筑梦、一路前行。

黄庄芳容

黄庄芳容

携手两岸　打造服务型企业

　　来自我国宝岛台湾的黄庄芳容，具有全球化的思维和视野，凭借独到敏锐的洞察力和坚毅果敢的执行力，带领旭荣集团历经多次重要转型。创业45年来，专注于纺织领域，从针织布拓展到成衣领域，借由垂直融合全球供应链的优势，严格管控提升产品质量，让New Wide产品在全球市场游刃有余，成功建构"针织一条龙"服务体系，成为中国纺织业全球布局的典范，更见证了我国台湾纺织厂45年的蜕变历史。

　　1975年，我国台湾地区纺织业蓬勃发展，黄庄芳容与其夫婿黄信峯共同创立旭宽企业（旭荣集团前身）。初创时员工只有5个人，历经45年的时光，现已蜕变为事业版图横跨三大洲，员工人数超过万人，员工国籍超过21国的全球布局国际纺织大厂——旭荣集团。

开创业界领先的创新研发一条龙服务

　　旭荣初创时，正值台湾针织工厂创业大浪潮，旭荣选择从高级针织面料贸易起步，因为与织布厂的紧密配合，很快步入茁壮成长期。1981年，旭荣就已经成为世界知名服饰品牌的主要供货商。1986年，为打造差异化竞争力，黄庄芳容果断提出要成立R&D研发部门，专注产品创新，为旭荣奠定了早期版图拓展的基石。截至今日，结合大数据开发设计，旭荣已累积逾15万笔线上样布数据。

20世纪90年代，世界正流行韵律踩脚裤，旭荣的PONTE（R/N+OP）罗马布因为不需要裤管特殊包覆，穿后贴身挺直、久洗如新又具弹性及回复性，非常适合制作成韵律踩脚裤，因此极受市场青睐。甚至一度有数十个品牌排队下订单，迅速打响了旭荣的品牌知名度，这也是黄庄芳容在业界获称"Ponte Queen"的由来。

致力于产品研发创新的同时，黄庄芳容又将目光从针织领域延伸到上下游，逐步打造出"针织一条龙"的完整解决方案。1990年代末期，全球化现象更加明显，品牌客户的采购策略开始要求一站式服务的模式，借此机会，1999年旭荣在台湾桃园设立染整厂，向下跨入染整领域。

依托丰厚实力启动全球布局战略

2001年中国加入世界贸易组织成为推动旭荣实现大发展的重要契机。当时旭荣在全球的业务开拓飞速成长，也需要运用海外产能应对如雪片般飞来的订单。在各种因素驱动之下，2001年，旭荣前往昆山成立旭荣纺织营运中心，并于2002年在上海成立办公室，2003年又到江苏常州成立旭荣针织印染公司，开启国际供应链建构之路。其中常州针织印染公司被命名为国家运动休闲针织产品开发基地，在智能化及永续发展方面也得到官方肯定，先后荣获两化融合绿色工厂、高新技术企业、税收及出口双十佳台商等荣誉称号。而黄庄芳荣个人也先后获得全国五一劳动奖章、中国针织行业终身成就奖、全国优秀纺织企业家等殊荣。

2002年，黄庄芳容在非洲并购了一家成衣厂，就此开启旭荣在非洲的广泛布局的时代，旭荣至今在莱索托有2个成衣厂，在肯尼亚有5个成衣厂。与此同时，旭荣在东盟国家也在积极布局，先后建立越南福东织染整厂、越南美福成衣厂、柬埔寨成衣厂，其中，越南福东厂面积近15万平方米，拥有全自动仓储设备、智能制造数据控制中心、自动滴定设备以及太阳能发电、中水回用等环保设备，建有足球场、篮球场、网球场及舒适的员工宿舍。由此，旭荣已形成完整的横跨三大洲的供应链体系。

以人为本的New Wide Way管理制度与旭荣文化

旭荣以"New Wide Way"为核心发展概念，采取"中央集权"与"地方分权"同时运作模式，打造出一个横跨亚、非、美洲的跨国集团组织管理架构。旭荣在每个国家地区的管理单位都有充分的权责，只需定期将营运状况汇报给总部的总管理处。如此一来，各产区因为充分授权而顺畅运作，总公司也可依照状况，对各区域进行各业务的调度与安排，使企业资源达到最有效率的整合。

要通过台湾总部完善管理全球20多个地区分支，关键在建立一套底蕴深厚的企业文化体系。"我们有旭荣学院、旭荣讲堂、成功失败经验谈、内部研讨会、EMBA读书会等，通过各种方式，建立旭荣'以人为本'的文化价值。"做起事来理性且冲劲十足的黄庄芳容，每每谈到企业文化时总是充满了感性和温暖，她说："旭荣以'分享'及'坦诚'之心对员工、对合作伙伴、对客户，大家互相扶持，共同成长，这也是旭荣之所以能持续经营300多个品牌客户，并与上下游供应商紧密合作的秘诀。"

迈向永续经营的社会企业

旭荣以人为本的企业文化也落实在企业社会责任（CSR）的推动上。旭荣早在2009年就成立了企业社会责任委员会，2010年在北京人民大会堂发布了第一个《企业社会责任报告书》。在备受重视的绿色制造方面，旭荣持续改善厂区工艺流程、投资中水回用设备、使用通过国际认证的原料、引进节能设施系统，如太阳能发电及绿建筑，获得bluesign、ZDHC、Oeko-Tex、Higg、CSS9000T ISO 9001、ISO质量管理体系等多项认证，是我国纺织企业中率先加入国际能源生产力组织EP100的企业，同时发布旭荣永续季刊，主动披露旭荣在绿色生产方面的作为。黄庄芳容深知，企业要永续经营必须要与环境共存，因此身先士卒投入节能减排、环境保护的工作中，积极做出贡献。

为了达到永续经营，智能制造是很重要的条件，黄庄芳容知道，未来的纺织业是提供信息与服务的高科技产业，她积极带领集团走在数字转型的道路上，包含近期启用的智能制造数据控制中心、自动仓储、供应链数据平台、自动化设备引进等，并亲自监督数字化的进程及优化。更是动员上下游纺织供应商，共同提升数字智能化，让纺织供应链更具备快速反应的韧性，创造更多产业链价值。

旭荣以人为本的企业文化也落实在企业社会责任（CSR）的推动上

ITMF参访团合影留念

　　个性热情豪爽的黄庄芳容，有着女性独有的细腻心思，虽然每天公务繁忙，但不时可看到她对员工像家人般的关心与问候。她坚信，人才才是企业发展的核心，"人尽其才""适才适所"，让每一位旭荣员工都能在适合的岗位上发挥所长。

　　面对竞争越来越激烈的国际纺织市场，黄庄芳容选择主动出击与弹性应变的策略，次次带领团队将大环境的威胁转化为契机。与此同时，她在自我精进和学习上也从不间断，将助推纺织产业高质量发展和培育产业人才重任扛在身上，不遗余力。小型企业靠老板，中型企业靠管理，大型企业靠文化。作为旭荣的领路人，黄庄芳容带领企业屹立四十余年并不断成长，靠的是始终前行善学的观念，全心投入、慎思笃行，旭荣的未来，在黄庄芳容的带领下，将继续砥砺前行、再创辉煌。

韩春

韩春

用坚持书写精彩　以专业铸就未来

韩春，1970年出生，1990年毕业于江南大学外国语学院日语专业，毕业后曾在红豆集团工作过三年。1995年，他离开红豆集团，创办恒田企业。经过20多年的拼搏，恒田企业已发展为集纬编针织面料的研发、织造染整、成衣设计生产为一体的纺织服装大集团。企业下辖多个子公司，在国内、东南亚及非洲设有多个生产基地，截至2020年底，拥有共8000余名员工，年营业额近2.5亿美元。

创业艰难百战多　不畏挑战拓新局

企业初创时，恒田就是一个只有三十多名员工的制衣小作坊。条件非常艰苦：原料主要靠采购人员骑摩托车到太仓去买；吊机坏了，韩春带着大家扛着面料爬四楼。当时企业接了13万件文化衫的订单，时间紧、任务重，韩春带着大家奋战了三天三夜。在大家的齐心协力下，企业终于克服重重困难，赚到了第一桶金。随后，企业渐渐步入正轨。

1996年6月，恒田企业的第一家子公司——无锡恒田纺织品有限公司正式成立。同年，韩春在东北塘镇锡港路旁征地5.23亩，修建了一幢面积约2000平方米的二层生产厂房，外加一幢面积约1500平方米的三层宿舍楼和食堂。

1997年，经过一年的顺利施工，一个初具规模的新厂区建设完成，韩春带领着大家从老厂区搬到了新厂区。加强规范化经营管理成为新厂区的第一要务，韩春将生产区和生活区分开管理，给大家创造了宽敞、舒适的工作和生活环境，为保障企业生产任务的顺利完成打下了坚实的基础。

之后恒田企业不断扩建生产厂房，生产能力迅速扩大，企业人数迅速增长。2000年，韩春果断确立了向产业上游推进的策略，创建了无锡恒田印染有限公司。他提出"不求最好，但求更好"的发展理念，引进专业人才，购买进口专业设备，决心把最高品质的产品、最优质的服务提供给客户。

2002年，无锡歌迪服饰有限公司成立，歌帝品牌正式进军国内品牌市场。如今的歌帝品牌已入驻国内各大商场，受到众多消费者的喜爱和认可。

2005年，在韩春的决策下，恒田企业增添了一个独立核算的针织织造公司——无锡恒诺针织有限公司（后改名为无锡恒诺纺织科技有限公司），填补了恒田企业织造方面的空白。2009年，该公司成为国家功能性针织面料开发基地，拥有强大的技术研发团队，成功研发了原液着色、导湿速干、蓄热保温、再生系列、可追溯等多个新型功能面料产品。

2007年下半年，在恒田工业园内建成了2.5万平方米的生产大楼和1万平方米的员工公寓楼，恒田工业园规模进一步壮大。

2010年，恒田企业首次引入两条服装生产吊挂流水线，开始将智能化生产理念导入工厂管理。2014年，企业成立自动化服装生产样板工厂，并于2017年全面完成智能吊挂流水线改造，整体效率得到进一步提升。

企业已经实现了快速发展，韩春却毫不松懈。2014年，在对柬埔寨、越南、孟加拉国等国家进行考察后，以韩春为首的领导层决定在缅甸建立首家海外生产基地——恒田（仰光）制衣有限公司，于2015年正式投产，生产环节扩展到海外，进一步降低了生产成本，提高了企业综合竞争力。

随后，缅甸二厂、三厂、四厂先后成立，配套的织造厂、印染厂也在建设中。对于缅甸工厂的建设，韩春有着完善的规划，他计划在缅甸建设独立的工业园，配套完善完整的针织产业链。最终将在缅甸建成超过25000名员工、各式服装年产超过1.2亿件、面料年产48000吨的大型集团企业。

2019年，韩春又把恒田企业开到了非洲。他带领团队在比勒拜斯开设了服

装生产基地，于2020年底完成基础建设，现已在招工并逐步进入生产阶段。

韩春从不打无准备之战，面对企业的未来发展，他早已制订第六个五年规划，云南德宏生产基地、缅甸工业园、非洲工业园都在按照规划稳步推进。

聚焦研发管理创新　提升品质与服务

面对当前不稳定的世界经济环境，韩春深刻明白，企业要想在如此严峻的形势下走出一条自己的路，就必须转型升级。以前，恒田企业一直以OEM的形式与客户合作，把产品质量和生产效率作为企业的护城河，以高质量的产品和稳定的交期赢得客户和品牌的信任，销售始终保持着稳步的提升。但随着国际贸易形势的不确定性和不稳定性逐渐增加，产品研发的重要性逐渐凸显，成为企业占据市场的核心竞争力。所以，韩春在坚持品质发展之路的同时，通过打造创新研发，铸造企业品牌形象，以ODM的形式与客户和品牌形成更加深度的合作，让企业保持强大的市场号召力与产品竞争力。

如何进一步深化研发能力，提升品质与服务，是韩春始终在思考的问题。在企业文化升级过程中，他将"科技恒田、时尚恒田、绿色恒田"作为经营战略，引领企业转型发展。依据这个经营战略，韩春提出建立企业研发中心，强化面料开发和产品设计，建立正确的品牌战略，打造能够在消费市场的竞争中处于主导地位的强势产品。

为更精准、快速地研发出具有竞争力的产品，企业在不断提升自身研发实力的同时，与江南大学开展校企合作，进行项目研发。企业建立了技术工程研究中心，并加入国家纺织产品开发中心流行面料趋势联盟，产品连续多年获得国家产品开发贡献奖、中国面料之星、中国流行面料优秀产品奖、最佳生态环保产品市场应用大奖等奖项。

对韩春来说，在"科技恒田、时尚恒田、绿色恒田"的经营战略指导下，不断提升产品研发能力、提高品质和效率，是一项长期的事业。在经济全球化背景下，韩春始终坚持对产品的创新研发，对恒田企业的稳健发展具有重大意义。

党史党恩记心中　社会责任扛肩头

韩春一直有个入党梦。他常说："我从小得到了党的教育和培养，对党有着

韩春参加创新年会并发言

深厚的阶级感情，加入中国共产党是我多年的梦想。"作为一名民营企业家，他平时主动学习党章，用共产党员的标准严格要求自己，带领干部群众发扬艰苦创业的精神，为打造员工的美好生活而努力。2005年8月，韩春光荣地加入了中国共产党。2010年，恒田企业成立了党总支。

韩春深知企业的发展离不开社会各界的支持，他在企业经营过程中不忘初心，饮水思源，不断提高企业履行社会责任的能力和水平。无论国内还是海外，恒田企业严格遵守当地法律法规，保障员工权益，关爱员工，为员工提供提升自我的平台；将构建可持续发展的环境作为企业社会责任的重要目标，持续开展环保项目，在企业内推行垃圾分类、节能减排，为环保事业尽绵薄之力；积极投身公益事业，与多家公益组织合作，为四川凉山等贫困山区捐款捐物；关心员工生活，为员工提供力所能及的帮助，为家庭条件困难的员工捐款捐物。同时，在韩春的倡导下，海外工厂也积极举办公益活动，如捐助孤儿院和老人院等，主动回报社会，在当地形成良好的企业形象。

2011年，恒田企业发布了第一份社会责任报告，此后每年坚持发布社会责任报告。2018年，恒田企业主动发布缅甸企业的第一份社会责任报告，并每年

韩春与埃及棉纺工业控股有限公司签约，在埃及开设工厂

发布上一年度社会责任报告，希望通过自身行为带动其他海外投资企业关注和重视社会责任。

　　一年一个样，几年大变样。韩春凭借对纺织服装业的敏锐洞察力，强烈的社会责任感，踏准纺织服装业发展的节奏，一步一个脚印，带领企业欣欣向荣，蒸蒸日上！

甄仲明

甄仲明

匠心凝染瑰丽乐祺

位于太湖之滨的宜兴乐祺纺织集团，旗下有宜兴新乐祺纺织印染有限公司、宜兴乐威牛仔布有限公司、乐祺纺织实业（无锡）有限公司、宝胜制衣（柬埔寨）服装有限公司等企业，是全国纺织印染行业协会副会长单位、中国印染行业协会龙头企业。公司连续多年被评为全国印染行业30强企业、中国质量诚信企业、数字化清洁生产管理企业、江苏省出重点培育和发展的国际知名品牌企业。

这些成绩的取得都离不开一个人，乐祺纺织的创建者和领航人——甄仲明，全国优秀纺织企业家、全国纺织工业劳动模范、全国纺织思想文化建设功勋人物和中国纺织品牌文化建设领军人物。在他的领导下，乐祺纺织逐渐发展成年产亿米中高端面料、设计与成衣制造一站式服务的企业；并凭借环保的理念、先进的设备、精湛的工艺、优质的服务、优良的品质和诚信的经营，在行业发展中发挥示范作用。

在他的带领下，乐祺纺织三十年专注为国内外品牌定制中高端、多纤维、超柔高弹、功能性、商务、运动休闲、工装面料，以引领市场的产品开发，高精尖的产品质量，臻心至诚的企业服务在国内外赢得了良好的口碑和地位，成为纺织行业的翘楚，同时也是中央军委后勤保障部军队物资采购供应商。

花甲不改纺织情　执着书写乐祺梦

20世纪90年代初，由组织安排，甄仲明调到亏损严重的宜兴唯一的印染企业——宜兴乐祺纺织集团有限公司任总经理，从此他踏上了艰辛的创业历程。面对严峻而困难的局面，他不怕困难，负重拼搏，精心谋划，勾画出了"稳定、增元、复兴、技改、扩能、强企"的发展路径。

三十年磨一剑，匠心铸辉煌。不断进取，是甄仲明的基因，在乐祺突飞猛进的道路上，每一步都有他的深谋远虑。他身体力行，把责任和使命扛在肩上，与行业同行，与时代同步，一步步从平凡到卓越。第一步专注纺织，以产品质量、产品安全为核心，不断完善和强化质量安全管理，以单线业务打响企业知名度；第二步探索纺织，以技术创新为驱动，以打造民族品牌为目标，不断推动企业提质增效，致力于为全球消费者提供更优质的产品与服务；第三步可持续性纺织，积极推进纺织行业科技进步、绿色发展，进一步扩大市场空间和应用领域，为实现纺织行业纵深发展探索道路；第四步升级转型、物资保障，2020年初，由于疫情，市场医疗防疫物资紧缺，甄仲明依托32年做布的优势，成功跨界，上马口罩、熔喷、防疫物资生产线，成为宜兴唯一一家拥有十万级洁净车间口罩生产线的企业，并荣获无锡市应急物资保供单位资格、国家商务部和医保商会医用和非医用口罩白名单企业资质。乐祺纺织已经从最初单一的印染企业，发展成为一家集科研、织染、物资保障、贸易全产业链的现代化纺织企业！

近年来，全球经济形势的低迷给纺织企业发展带来巨大压力，但乐祺纺织经过多年发展和积累日益成熟，稳健前行。在他的带领下，乐祺纺织在发展规模、产品结构和商业模式上都创造了纺织界的奇迹，被誉为"乐祺模式""乐祺速度"，并取得了较好的经济效益和社会效益。

创新永无止境　策略精益求精

美国经济学家熊彼得认为，"创新是企业家最重要的精神"。对于甄仲明而言，"未知"从来都不是止步不前的因素。多年来他坚持传承创新，着力打造中

宜兴乐祺纺织集团

国纺织业的民族品牌。他把科技创新、服务创新、管理创新、商业模式创新和文化创新结合起来，推动企业发展方式向依靠技术进步、品牌提升和优质服务迈进，带领企业走出了一条自主创新、人企共赢的成功之路。

甄仲明认为，产品创新是企业保证稳定增长、谋求长远发展的坚实基础。乐祺从德国、比利时、意大利、瑞士、美国等地引进八条生产线及各种检验检测仪器，为产品研发奠定了优质的硬件基础，同时在产品研发上持续投入，每年开发新品300多个，已获得5项发明专利、12项实用新型专利、5项省高新技术产品和400多件外观专利。

公司建立了江苏省纺织印染工程技术研究中心和院士专家工作站，具有江苏省一级实验室资质及全套标准质量检测设备，拥有和培养一大批技术骨干从事新产品研发、产品质量检测、新技术应用，使乐祺印染面料成为国家出口免验产品和江苏省名牌产品，"乐祺"商标被评为中国驰名商标。与此同时，乐祺纺织坚持全面质量管理，实施品牌战略，积极推行创新、创造、创优机制，始终把优良的产品品质、满足客户需求放在第一位，已逐步从订单导向走向产品导向的持续产品创新发展之路，成为Levi's、Target、C&A、JCP、VF、玛莎、绫致、优衣库等数十家品牌稳定的合作伙伴，在国内外市场具有良好的信誉和广泛的知名度。

他还根据有关政策和企业实际，坚持不懈地主导企业体制、机制和技术的创新，将国有控股企业彻底创新为完全意义上的民营股份制公司；结合生产扩能、产品增元升级、建新区、搞合资，实施了三轮较大的技改投入，生产规模由2条印染线扩张至7条印染（花）生产线，引进设备和技术的比重上升到70%左右；设备及工艺技术的升级、创新，到全面实施精益管理，为建设卓越企业注入了强大活力。在他多年的带领下，乐祺集团已成为规模大、实力强、贡献多、声誉好、知名度高的一流企业，现已拥有总资产25亿元，海内外员工2000余名，年销售收入31亿元，成为国内纺织印染行业的骨干龙头企业。

绿色织造梦　责任迎未来

中国纺织工业发展历程中居功至伟的标杆企业，都具备"追求卓越，注重创新，承担责任"的特质。乐祺纺织作为中国绿色制造发展的先行者，不仅绿色发展理念领先，而且行动迅速，效果显著。近年来，公司通过了ISO9001、ISO14001、OHSAS18001体系认证、Oeko-Tex Standard 100生态纺织品认证、SA8000社会责任证书、OCS/RCS、GOTS有机认证、能源体系认证、温室气体核查，并积极推行6S精益管理，加快智能制造步伐，在行业内首创数字化精益管理模式，为客户提供有力的质量保证。

甄仲明历来注重企业的绿色发展和社会责任。他认为，现在是实现绿色制造发展的攻坚阶段，乐祺纺织应该肩负起纺织产业链上的绿色发展责任。近年来，公司坚持对污水处理进行高质量综合治理，从节约用水、减少污泥量产生、提高废水治理效率、降低污水处理费用、中水回用、民生环保（废气排放深度治理），公司全部达到国家排放标准，并荣获印染企业低废排放和资源综合利用技术研究与应用科学技术进步二等奖，评为中国印染行业节能减排优秀企业、中国出口质量安全示范企业、中国纺织服装企业竞争力500强企业、江苏省高新技术企业、江苏省名牌产品等多项荣誉称号。乐祺不仅为纺织行业绿色发展树立了新的典范，更全方面、多角度地构筑起纺织绿色发展的未来和希望。

未来乐祺纺织必将继续发扬匠心精神，探索智能织造发展模式，推动纺织工业节能减排，发展低碳、绿色、循环纺织。坚持以智能智造为基础、以技术创新为动力，坚守活力乐祺、品牌乐祺、和谐乐祺的文化理念不断前行，积极参与智慧城市建设，更好地履行社会责任。

漫漫三十载，甄仲明用汗水和智慧编织出乐祺纺织的辉煌华章。他以严谨的态度和精神，把匠心融入面料纹理之间，把敬心奉献给企业，把仁心回馈给社会，从内至外都力求至臻至美，成就不凡乐祺。

PART 4

第四章

全国优秀纺织
女企业家

肖华

肖华

时尚追梦人

吉玫公司董事长、"融·无界"品牌创始人肖华，出生于陕西富平，毕业于西安美术学院服装设计专业。按陕西人的说法——这娃是陕西飞出的金凤凰。陕西深厚的人文积淀促使肖华萌生了一个品牌梦——创立一个能够展现本土文化的品牌，向世界展示"时尚的中国，中国的时尚"。为了实现这个梦想，肖华在全球时尚地标城市"魔都"上海刻苦学习多年，在品牌建设中不断磨炼，终于构建了今天的"融·无界"。

从零开始　爱拼才会赢

一路走来，肖华经历了很多艰辛和磨难。故事要从2003年说起，一个从来没有出过陕西省的女孩做了一个勇敢的选择，在大学毕业那一刻带着1000元独自到上海打拼，从此开始了她的服装梦。

起初，肖华就给自己定了一个目标——通过10年打工必须完成经验积累。她从设计助理做起。为了学到更多本领，别的设计助理不干的活她都接过来。结果活越压越多，她不仅每天加班到晚上11点左右才能回家，周末也把工作带回家。因为害怕耽误工作，她平时生病都不会请假，而且错过了人生当中极其重要的两件事情：一是最爱她的姥姥去世，她却未能回老家参加葬礼；二是妹妹结婚，她也没能赶回去参加婚礼。每每想起来这些，肖华都深感愧疚。

有付出就有回报。因为付出了比别人更多的努力，当别人还做助理的时候，肖华已经成为设计师。当别人成为设计师的时候，她已经担任了设计总监。十年拼搏不寻常，每每回想起来，肖华的心里总是五味杂陈。

日韩服装流行那几年，肖华常是一个月有半个月在国外看市场。每天工作到很晚，有时一天只顾上吃一顿饭，有一次差点晕倒在路上，她开始重新审视自己的规划。

肖华发现市场上的每个品牌都很重视自主研发，外采部分不多。特别是羽绒服这个品类缺乏设计人才，供应链上的ODM公司会有很大的发展空间。

2013年，肖华终于开始了自己的创业之路。那一年她已经在上海打了整整十年工。然而，光有想法没有启动资金怎么办？她想了很久，才鼓起勇气向丈夫说出了自己的想法："我想创业，做ODM公司。而且我也想很久了，羽绒这个品类目前做的人不多，很多品牌公司缺乏羽绒供应链支持，因此一定能做起来。设计我来，只要产品好不怕没有客户，我们把房子卖掉创业吧？"没想到，她爱人听完就同意了，只说："你只要想好了，一旦失败自己能够承受从头再来的结果就行"。当时，肖华都惊呆了，因为家里还有一个2岁的孩子。从沟通到卖房，他们只用了一个月时间。房子卖了150万元，她拿走100万元开了公司。那一刻，肖华暗暗地下了决心——只能成功不能失败。

2013年10月，吉玫时装公司正式成立。从设计、打样、采购、到生产，肖华统统可以承担。创业初期，她没少受到质疑，但是她不断告诫自己：只要努力就没有做不好的事情。

带着这份执着和努力，公司成立第一年就接到了不少订单，年底算了一下还有盈利。一年下来，肖华的信心更足了，她发挥设计优势不断提供新款式给客户，赢得了大家的认可。几年下来，吉玫在行业里的口碑越来越好，成为上海有名的ODM公司。回想起创业时期经历了的磨难，肖华说："我一直都想，这就是老天送给我最好的成长礼物。"

近年来，上海周边已经不允许开工厂，人工越来越贵。同其他在上海经营的品牌企业一样，吉玫的生产成本越来越高，利润空间越来越小，肖华不得不重新思考公司的发展模式。

二次创业　出路在脚下

2017年下半年，肖华又开始了新的创业之路。恰逢产业转移热火朝天的时期，陕西省相关部门到上海招商引资，她正好去参加了招商会。看到家乡人，肖华的心情很激动。了解到招商信息，她心里就开始蠢蠢欲动了。

乡情是促使肖华下定决心的重要因素。在外打拼多年，她一直都有回馈家乡的意愿。经过又一次的深思熟虑之后，她跟丈夫提出："我想回家开厂，这样不但能回馈家乡，还能解决我们没有工厂的困难。未来，国家也会重点开发大西北，陕西又是西北五省的枢纽核心，我觉得回去创业一定会有发展。"这一次，丈夫还是没犹豫，只说："你想好了，这个厂子一开又要投入很多精力和人力，但最主要的是你两边跑很辛苦。如果都想好了，那你就干吧。"

这一次，肖华犹豫了，毕竟人的精力是有限的。她又思考了一个月，出于对未来发展趋势和大方向的判断，她打定主意回陕西办厂。

2018年1月，肖华回陕西考察。那年冬天，陕西下大雪，冷得出奇。三个月后，项目正式签约落地。工厂开办初期确实困难重重，第一个便是招人难，好不容易招来的人还不懂技术，都需要从零开始培养，特别是人员不稳定，导致第一年做一单亏一单。

当地其他工厂做的基本是工作服和校服，工序简单。肖华的公司主要是做羽绒服的，工序复杂，细节要求高。两年下来，陕西这边的公司基本上是亏损状态，后来才慢慢好起来了。

2019年初，肖华敏锐地察觉到，国潮已然成为趋势。于是，她创立了"融·无界"品牌，用平常的材料加之别具匠心的工艺处理，结合本土文化特色，致力于将中国文化元素融入时尚作品之中，让传统文化与现代生活无缝衔接。

融·无界自诞生以来，得到了来自各方的认可。2019年7月，融·无界与世界和平小天使达成战略合作伙伴，执行一场专业品牌发布，广受各大媒体关注；2019年8月，融·无界荣获世界文化名片十大非遗文化作品线上人气奖和十大最受欢迎的非遗国风作品奖；2019年9月，应邀参加青岛国际时装周，荣获最佳新锐设计师奖；2019年10月，新时代·ELITE世界精英模特大赛中国总决赛在星光大道演播厅举行，融·无界品牌作为大赛的战略合作伙伴，获得国际专家评委的高度关注；2020年10月，融·无界品牌在中国国际时装周发布"生又复生"，在北京751-D时尚广场中央大厅惊艳亮相；2021年3月中国国际时装周融·无界品牌发布"传统文化，东方之美"，在北京751-D时尚广场中央大厅惊艳亮相。

三次创业　心怀天下

2020年初，肖华回陕西老家过年。除夕夜，她看到新闻报道了武汉由于新冠疫情暴发，导致防疫物资紧缺。很多病人进不了医院，医护人员缺口罩和防护服，全国的防疫物资都紧张起来，而陕西没有一家生产企业具备生产防疫物资的能力。肖华又着急又难过，她第一时间跟地方政府领导沟通："我们的工人都是当地的，可以随时调动起来开工生产防疫物资，为大家解决一些燃眉之急。"她的自荐缓解了地方政府的燃眉之急，大年初二陕西省政府就召开了省长座谈会，给企业部署紧急任务。会后，肖华抛下了家人径直去了工厂。大年初三，一些工人返厂开始生产口罩和防护服。一周后，返厂的工人越来越多，直到最后有130人复工。

在此之前，肖华对医疗器械可以说是一窍不通。为了完成紧急任务，她从大年初二开始，天天通宵达旦地研究资料、试制产品。在各级政府、陕西省药监机构专家的帮助和支持下，公司于2月17日拿到了二类医疗器械证。那段日子，肖华每天打过数不清的电话，嗓子都说哑了，直到5月生产情况才慢慢好起来。

为了鼓励大家返工，肖华不但加倍支付工资，而且把上海团队的大部分人调到了陕西，留下少数人在上海负责联络原材料和设备跟踪。回首2020年上半年紧张的日子，肖华虽然身心疲惫，内心却充实又喜悦，与祖国同呼吸共命运的信念支持着她走过了这段不寻常的路。

在全球疫情蔓延的形势下，肖华又投入1500万元建设无菌车间，这可以算是她的第三次创业。

回顾这三次创业，肖华已经忘记了如何辛苦，反而感觉无比充实。"只要撸起袖子加油干，梦想一定属于把握机会的人！"她说。

BEIJING
FASHION
WEEK
北京时装周
2021

开放 | 包容 | 合作

BEIJING
FASHION
WEEK
2 0 2 1
北京时装周

dream-seeker

9.15-9.22

给中国品牌一个把握时尚话语权的机会
Give a chance of fashion decision to Chinese brands

京时装周组委会
充发布报名咨询：86-10-85968957
会&论坛&项目合作报名咨询：86-10-85969037
本公关&商业合作咨询：86-10-85968087

邮箱：bjfw@bjfashionweek.cn
官网：http://bjfashionweek.cn
地址：北京朝阳区团结湖南里17号团结湖大厦9层

张芸

张芸

从敢闯敢拼到做专做精

20世纪70年代末，张芸踏入造纸行业，一干就是近20个春秋。从20世纪90年代末起，又是一个近20年，她与水刺非织造布行业共同成长、共同进步。40年时间里，她走过了一条从技术员到工程师、高级工程师、教授级高级工程师的专业成长之路，也走过了从经济师、高级经济师、公司总经理这样一条经营管理之路，她的事业履历表上，留下了一串串闪光的足迹。

在张芸的带领下，杭州路先非织造股份有限公司发展成为一家专业研发、生产水刺非织造材料的国家级高新技术企业，产品主要应用于医疗卫生、过滤分离、安全防护、家居装饰等重要领域。她先后获评第一届中国产业用纺织品行业领军人物、首届中国产业用纺织品行业杰出贡献奖、杭州市五一劳动奖章、全国优秀纺织女企业家、浙江省三八红旗手、首批全国纺织行业防控新冠肺炎疫情先进个人等荣誉称号，被中共杭州市国资委委员会授予杭州市国资系统"两手硬、两战赢"优秀共产党员称号。

创新引领　非织造业拓雄图

1996年，在历史悠久的杭州五里塘河畔，矗立起一座现代化的厂房，在时任领导的带领下，张芸和她的团队在这里开拓出水刺非织造布的行业先河，引进了当时国内唯一一条能生产高档合成革基材的生产线；1997年投产当年，无人问津，曲高和寡；投产第二年，销量仅350吨，而公司实际产能可以达到3000吨，营销甚至无法抵消设备折旧。那时大家整夜睡不着，其他人也都纷纷唱衰，认为这家分厂会成为集团的包袱。

事实上，销量低并非产品质量不达标，而是当时国内市场对水刺非织造布产品的认知度不够。大家决定让产品走出国门，去国外市场试试，没想到效果很好。

同时，张芸与她的团队也没有放弃国内市场，一直在坚持开拓，并用高新技术和先进适用技术改造传统企业。1999年，水刺非织造布的销量达到950吨；2000年又攀升至1800吨；2001年起销售量达到设计产能。自此，路先拓荒成功，迈出了我国水刺非织造布行业的第一步，开启了产品连年供不应求，满负荷运转的新篇章。

脚踏实地　潜心耕耘结硕果

此后的20年，张芸始终专注于水刺非织造布领域，先后主持研制开发了多项国内首创的新产品、新技术，不断开拓市场，拓宽行业领域，引领行业方向。其中两项产品列为国家级重点新产品（其中"三高"水刺非织造合成革基布被称为"给合成革行业带来了一场技术革命"）、五项产品获发明专利，还有多项新产品获得纺织之光科技进步奖、省市级科学技术进步奖一、二、三等奖、省市优秀新产品新技术等奖项。

在她的带领下，公司经营平稳，连续多年取得利润超千万的佳绩，并获得杭州市模范集体、杭州市工人先锋号、杭州市十大新锐企业、杭州市最具成长型中小工业企业、杭州市"创建劳动关系和谐企业活动"达标企业、浙江省绿色低碳经济标兵企业、杭州市高新技术企业研究开发中心、首届中国产业用纺织品行业突出贡献奖、中国纺织工业联合会"十二五"产品开发突出贡献奖等荣誉；2002年被认定为国家级高新技术企业，并进入中国纺织服装行业500强，水刺非织造布行业实力排名第一。

她主导开发了可应用于消防防护服的防火隔热材料，超纤革材料，替代动物真皮；过滤材料，广泛应用于汽车废气过滤、水过滤、空气净化器……不断拓宽行业版图，激发行业快速发展。在路先公司的推动下，全国水刺非织造布的产能从1997年的不到1万吨增长到2020年的200万吨，成为全球水刺非织造布最大生产国之一。

她还将具有丰富的实践经验提炼为科学理论。在学术或专业期刊发表多篇学术论文，入选国家级刊物并获优秀论文奖；是国家标准《纺织品合成革用非织造基布》和行业标准《水刺法非织造布》的起草人；主持审定了多项行业国标、行标；参加国家《产业用纺织品"十三五"发展规划》及国家职业标准《非织造布制造工》的编制工作；中纺联纺织之光科学技术奖评审专家。

投身战"疫" 紧急时刻显担当

2020年除夕，正当大家准备和家人团聚，享受新春假期的时刻，张芸先后接到中国产业用纺织品行业协会领导和嵊州市商会打来的电话，紧急需要全部库存的防护服和口罩原材料。她毫不犹豫地放下家中的事情，整理思路，赶往公司，紧急排库存，组织人员准备上游原材料，紧急排产。一系列紧急事务让这位"久经沙场的老战士"倍感压力，她清楚地认识到行业必须协同起来，才能渡过这次难关。

作为浙江省应急物资生产企业，路先生产的水刺非织造布材料是制造防护隔离服的关键原材料，打赢疫情防控和复工复产两场硬仗，成为路先的首要任务。在张芸的带领下，路先全体党员积极行动，马不停蹄、连夜排查生产线，核对返乡人员身体健康，细化返岗方案。从大年初四开始，他们先后克服外地员工无法返岗、原辅料短缺、上下游单位协作响应不力、省内外物流运输受阻等诸多困难，想办法、抓效率、调集方方面面的力量，开足马力连轴生产。

作为常年工作在生产一线的专家，张芸预判，随着疫情发展，市场对口罩的需求量会持续上升，口罩过滤层面料熔喷布在疫情暴发后将出现严重紧缺。一边全力生产，一边创新攻关研发新产品，成为摆在路先面前的新任务。她在第一时间组织研发团队，争分夺秒投入开发口罩过滤层面料（熔喷布替代品）的行动中，白天定工艺，做试验、测指标，晚上通过视频召开会议，总结当天试验遇到的瓶颈问题，寻找解决方案。一天下来电话和微信联络多达几百次，

张芸格外注重人才培养

常常到了午夜时分，她还在和团队研究技术难关，为会员提供咨询。

功夫不负有心人，在她的带领下，过滤效率、气阻等难题被一个个攻破，研发团队不分昼夜，连续倒班做试验，两周后终于成功开发出新型口罩核心材料AN99，这种纳米级水刺非织造布过滤效率超过95%，达到KN95标准。它的投产对缓解熔喷布紧缺现象，平抑口罩成本提供了有力帮助，张芸成了"一布不再难求"的"幕后英雄"。《杭州日报》于2020年3月16日发表《口罩熔喷布暴涨"一布难求"？这家杭企成功研发替代品，每天可产口罩百万个！》一文，对此进行了深入报道。

不忘初心 春风送暖融真情

摘下"女企业家"的标签，张芸在生活中也践行着公益事业。她向中国妇女发展基金会品牌公益项目"母亲微笑行动"捐款，为广西南宁百位唇腭裂贫困患儿得到免费医疗救治贡献自己的力量；她向远隔千里的贵州省黔东南州的孩子们送去冬被，让家境困难的孩子们感受到来自杭州的关爱和温暖；她心系脱贫工作，参与恩施州建始县爱心义买蜜桃活动，帮助恩施农村女性脱贫；她还积极响应杭州市委市政府号召，会同上级单位向"春风行动"捐款，与贫

困乡村结对帮扶，向区慈善总会捐款，组织职工参加区"公民爱心日""学雷锋""捐青少年读物"，组织职工参加杭州市"文明单位助力国际峰会、国际志愿者亮相运河"大型为民活动……

育才当先　铸就"水刺黄埔军校"

"年轻人是行业的未来"，张芸一直以来极为重视人才培养，对后辈寄予厚望。她为员工专设创新工作室，给员工提供了发表想法和发挥创意的空间；她带头开展学术交流，把自己的实践经验传授给这些在非织造布行业奋斗的年轻人。有两名员工分别获得中国产业用纺织品行业协会技能人才培育突出贡献奖和中国纺织工业联合会颁发的"全国纺织行业技术能手"的荣誉。在她的推动下，"无纺布制造工"工种也首次列入国家职业技能鉴定职业工种。

如今，路先已培育大批水刺非织造布生产技术、研发、营销等各类技能人才。很多现已在国内主要水刺非织造布厂家担当要职。在这些优秀人才的辛勤耕耘下以及他们与路先互助扶持的密切合作中，路先的产品、技术和张芸的经营理念已传播到了整个行业，推动着国内水刺非织造布行业的发展。

陈文凤

陈文凤

驰骋化纤制造沙场的"铁娘子"

　　不靠国营、不靠改制，每一分钱自己赚，每一块砖自己垒，两年一次投产，五年一次大跨步，牵手国企延伸产业链，科技创新做强品牌……凭借敏锐的市场意识和过人的胆略，陈文凤将江苏文凤集团发展成为中国制造业民营企业500强、江苏省制造业民营企业百强，制造业非上市公司单项冠军和创新型行业单打冠军企业，南通市十大规模上台阶民营企业。连续三年主营收入超百亿元，成为国家时尚锦纶示范基地、国家锦纶差别化生产示范基地和江苏省锦纶长丝优质产品示范区的领军企业。

艰苦创业　转型升级　延伸做长产业链

　　陈文凤出生在20世纪50年代一个贫苦的农民家庭，自幼懂事乖巧，诚实有礼。1988年，她不甘贫穷，以自己的住宅做抵押贷款，创办了吉庆镇黄海纺机配件厂，生产化纤牵伸铁筒管。"那时候，人们的思想还是比较保守的，尤其在一个小集镇上，想都不敢想，但是我敢。说干就干，一个人拼搏，这一拼就是30多年，很不容易。"陈文凤感慨道。

　　是小打小闹，还是瞄准更高的目标，这是每个企业家都必须面对的问题，

陈文凤十分重视科研人才的培养

她果断选择后者。以长远的眼光，构建大战略，赢取大机会，方能谋得大布局，这句话用在陈文凤身上再贴切不过。

凭着过人的胆识和智慧，1992年陈文凤咬牙投资了1000万元，在生产单一性纺机配件产品基础上增加了锦纶加捻制线产品，创办海安第一化纤厂，开始涉足化纤长丝市场，成功实现了企业的第一次转型升级。

2003年，陈文凤又投入1亿多元引进国际先进的高速纺生产线，淘汰落后的老纺丝机，产品品种由HOY、POY长丝向高档DTY加弹丝及锦棉面料延伸，由常规纺产品向高速纺产品转变，实现了产业的第二次转型升级。同年，南通文凤化纤有限公司诞生。2010年公司正式更名为江苏文凤化纤集团有限公司。

2010年，为了进一步优化尼龙产业资源、做大做强海安的尼龙产业，陈文凤积极响应党中央的号召，大力发展混合所有制，与大型国企中国平煤神马集团强强联合，组建中平神马江苏新材料科技有限公司，注册资本为7500万元，发展锦纶66切片新材料。目前已完成三期工程，形成年产5.8万吨锦纶66高性能切片的生产能力，成为中国锦纶高性能纤维及工程塑料生产基地。

2013年，为解决锦纶纺丝工厂所需原料锦纶6切片长期受制于进口的局面，进一步延伸锦纶产业链，文凤集团与中国平煤神马集团第二次联手，注资2.98亿元创办了江苏永通新材料科技有限公司。形成年产20万吨锦纶6差别化功能性新材料的生产能力，为文凤公司和当地锦纶长丝生产提供了优质的原材料，延伸了锦纶产业链，实现了产业的第三次转型升级。

2017年，陈文凤经过深入调研，瞄准国内高端产品的需求，投资2.1亿元新建2万平方米的纺丝楼，引进国际先进的日本TMT 92位高速纺生产线，年产锦纶功能性微细旦长丝2.5万吨，二期工程已于2020年1月竣工达产，进一步提升了企业核心竞争力。

重视人才　科技创新　做强做精品牌

"企业靠产品，产品靠科技，科技靠人才，企业要向高新技术发展，才有前途，才有市场，才能高质量发展。如果不重视人才，不重视科技发展，不重视研发能力和研发重心，就会被淘汰。"陈文凤如此说。在科技创新道路上，文凤集团坚持生产人无我有的高端急需产品。

近年来，陈文凤带领企业把引进创新人才和培养革新人才相结合，集团现有员工1200多名，其中高、中级专业技术人员208名，从全国各地引进化纤专业高级人才28名。投入资金500多万元建设两幢人才公寓，确保68户人才家庭生活无虑。

企业先后与东华大学、苏州大学、南通大学及中科院宁波所等进行产学研合作，成立江苏省特种尼龙材料工程技术研究中心和江苏文凤东华大学化纤研究院。主持国家重大科技项目5项，承担省级重大技改和科技项目6项，主持参与制定国家标准、行业标准、团体标准11项，授权发明专利25件、实用新型专利72件。开发了锦纶高强、凉爽、阻燃、抗辐射、抗菌、扁平、石墨烯、远红外、羽毛纱等26个功能性、差别化高新技术产品。近3年来，企业高新技术产品的销售收入占整个产品销售总量的70%以上，研发投入占主营业务收入的3.5%以上，每年均有新特产品入选中国纤维流行趋势。自主研发的"5D/3F锦纶功能性超细纤维"总体技术达到国际先进水平，获中国纺联科技成果优秀奖、江苏省纺织技术创新奖。

在陈文凤的带领下，公司先后荣获国家高新技术企业、国家知识产权示范企业、国家安全生产标准化二级企业等荣誉。

责任担当　热心公益　真诚回报社会

在企业的发展历程中，陈文凤始终肩负责任担当，热心公益，致富不忘回报社会。吸纳下岗和农村富余劳动力400多名；扶助特困学生，每年支付学费3000~5000元/人，对于考上大专、大学、研究生的，分别给予3000元、5000元和1万元的奖励；逢年过节给当地敬老院老人送钱送物；对公司身体患病和困难职工每年补助2000~10000元/人；2020年在新冠肺炎疫情后，陈文凤严密有序地组织复工复产，集中力量组织研发，快速研发抗菌纤维和口罩带弹力丝，入选为市疫情防控重点保障企业，同时积极为妇联、慈善、社区等捐款捐物230多万元，为打赢疫情防控阻击战贡献了一份力量。

在企业发展转型中，陈文凤积极响应政府退城进郊政策，经历了三次搬迁，历经的苦难是常人难以想象的。在每次搬迁的过程中，首先是合理规划厂区，整治周边生态环境，累计投入500多万元，从清理污水污物着手，清理的垃圾就有几十车，投资建设污水处理系统，将生产、生活污水进行处理后排入市政污水管网。通过整治周边生态环境，给周边群众带来了便利和良好的居住环境。多年来，在公益支持活动中，陈文凤带领高层领导示范引领，重点支持教育事业、养老助残、清水工程、路桥改造和社区建设，累计捐款捐物达1200余万元。陈文凤的善行受到了社会各界的广泛赞誉。她创办的原海安第一化纤厂曾作为江苏省"中华爱国集体"荣誉登录《中华爱国国典》，她个人也先后获得爱职工的优秀厂长、送温暖献爱心模范个人、奉献社会先进个人等诸多荣誉。

从抵押房产几万元起家，到资产规模超过30亿元。陈文凤时刻践行着"与世界共经纬"的宏图大略，主动适应市场对高端锦纶产品需求增多的大形势，大力发展混合所有制。从一间纺机配件小作坊发展为拥有尼龙切片、锦纶长丝及织造的全产业链品牌的百亿企业，陈文凤带领公司多年来的拼搏和奉献赢得了社会各界的认可和赞誉，陈文凤先后当选为江苏省工商联执委、市、县人大代表，县政协党委委员，中国化学纤维行业协会副会长、苏商会副会长等，荣获全国优秀纺织女企业家、江苏省五一劳动奖章、江苏省优秀女企业家、"十二五"卓越苏商女企业家、苏商风云人物、苏商十大女企业家、南通市劳动模范、南通三创人物、改革开放40年南通优秀民营企业家、南通市巾帼建功标兵、海安市六星级企业家等诸多荣誉。

陈文凤始终以坚韧不拔的意志、矢志不渝的精神、诚于天下的信条追逐着自己的梦想；她强调坚韧与温婉的平衡、动与静的平衡、家庭与事业的平衡；她以其独有的决策力、领导力和影响力开辟出一片新天地。

PART 5

第五章

全国优秀纺织
青年企业家

何俊文

何俊文

精益求精　稳步前行

　　自执掌广东新怡内衣集团有限公司以来，何俊文积累了丰富的内衣研发、营销及质量管理经验，在产品创新、质量创新、技术创新方面形成独特见解。他富有品牌发展战略思维和运营创新能力，擅长洞察市场消费需求，及时提出新的产品研发理念与思路；善于内衣产品质量管控，善于整合营销及模式创新，拥有多项成功案例，引领行业风尚。

实施品牌发展战略　将技术作为引领发展的第一动力

　　广东新怡内衣集团有限公司是一家拥有三十多年发展历史的内衣企业，集研发设计、生产制造、品牌营销、国际贸易、技术服务为一体，拥有员工1000多人、先进技术装备1000多台套，年生产能力数百万件。为适应经济新常态，培育发展新优势，何俊文果断提出实施"大品牌、大营销、大市场"的经营战略，引导集团公司努力实现从外销到内销、从代工到自主品牌、从粗放经营到精细管理的根本转变，扎实推进发展方式转型升级。目前，新怡集团已培育四个自主品牌，拥有3000多家零售终端销售网络，覆盖全国大小区域，销售额位列区域前列，依曼丽、莎莲妮均成为国内同行业领军品牌。分别获得中国驰名

新怡内衣成立30周年庆典现场

商标、广东省著名商标、广东省名牌产品、广东省用户满意品牌等荣誉。

2015年，他敏锐地察觉到，在新的时代背景下，女性对内衣的需求正在悄然变化，健康、舒适成为越来越多消费者的首要选择。为此，何俊文果断决策，创立了第七代健康生态内衣品牌——霏缦，以负氧离子为主要元素，倡导健康的内衣文化，得到了市场的一致好评。2017年，他创造性地提出了"养、护、塑、美"四合一的产品开发思路，带领团队研发了负离子养护文胸、车缝无钢圈文胸、超轻棉文胸等具有行业领先水平的系列新型健康内衣产品。新品一经推出，便成为行业的风向标。产品至今仍在热销，得到了市场和顾客的普遍青睐。

加大研发创新投入　参与行业标准制定

为加强企业技术创新工作的组织实施，何俊文在公司成立了创新中心，加大研发和创新投入，通过开展产品和技术创新活动，成功研发了负离子文胸、轻透棉文胸、超轻棉文胸、直立棉文胸等具有行业领先水平的一系列环保健康型产品，得到了市场和顾客的青睐。公司也获得了广东省企业技术中心、佛山市新型智能保健内衣工程技术研究中心、佛山市南海区新型智能保健工程技术研究中心的荣誉称号，是佛山市唯一获得这些殊荣的内衣企业。新怡集团旗下全资子公司广东新怡内衣科技有限公司也被认定为国家高新技术企业、广东省型智能保健内衣工程技术研究中心。

由于技术创新成果显著，公司目前申请专利共84件，已授权60件，分别为国家发明专利1件，实用新型专利33件、外观专利26件；拥有3项软件著作权；高透气无钢圈文胸、负离子芳香型保健文胸、负离子养护文胸等11款产品被认定为广东省高新技术产品，引领着行业的发展。

新怡集团积极参与标准制定。在他的带领下，2017~2020年，参与制修定《文胸》《针织泳装》《电子商务模式规范》等20多项国家标准和行业标准；并牵头起草了盐步内衣标准联盟系列标准（包括：LB/YBNY 2—2010《文胸》、LB/YBNY 4—2010《针织内裤》、LB/YBNY 4—2010《调整型针织塑身内衣》等）。

2020年，何俊文组织制定的《文胸》《化纤针织内衣》两项企业标准均入围全国标准"领跑者"榜单。参与制定的T/CKIA 1—2019《文胸术语》获评纺织之光2020年度中国纺织工业联合会针织内衣创新贡献奖，他本人也荣获中国纺织工业联合会针织内衣创新贡献奖。

在何俊文的带领下，新怡集团拓展电商、微商、直播等线上渠道，成为公司销售增长新引擎

大力拓展电商业务 构建立体渠道网络

在何俊文的带领下，新怡集团在2012年成立了电商中心，2020年成立了新媒体营销专业运营公司。大力拓展电商、微商、直播等线上渠道，成为公司销售增长新引擎。通过对全媒体营销矩阵的打造，公司线上销售额直线上升，每年均取得新的突破。目前，新怡集团的线上业务居盐步内衣行业前列。新怡集团于2017年获得佛山市电子商务示范企业的荣誉称号，2019年被评为佛山市电子商务诚信企业。

聚焦核心对标优秀 助推提升管理效能

新怡集团在何俊文的带领下，一直致力于现代企业管理创新。先后通过了ISO9001及ISO14001管理体系认证、中国环保产品（CQC）认证、知识产权管理体系认证、ISO10012测量管理体系认证，形成了一套以"担当为魂、诚信为本"为核心价值观，以"文化凝聚人心，制度驾驭人性，细节成就伟业，品牌彰显价值"为成长法则的公司文化体系。公司先后获得广东省服装百强企业、广东省优秀企业、广东省标准化良好行为4A级企业、广东省二级计量企业、南

海区"雄鹰计划"重点扶持企业、"广东省两化融合"示范企业、佛山市最具成长性中小企业、全国内衣产业知名品牌创建示范区骨干企业等荣誉称号。

不忘初心回馈社会　践行企业社会责任

何俊文认为，企业的发展壮大离不开社会各界的大力帮助和支持，回馈社会是企业应尽的责任。在他的领导下，新怡集团在企业与社会、企业与环境的和谐发展中自觉地践行企业社会责任。公司为社会解决了近千人的就业，全员签订劳动合同，全员享有社会保险，维护了社会的和谐与稳定，造福一方乡民。

同时，公司建立了爱心护蕾工程、单亲特困母亲援助活动、妇女创业帮扶计划、女大学生奖（助）学金计划、新怡小星星助学等公益项目。

特别是新怡小星星助学活动和单亲特困家庭点对点扶贫助困活动，从2010年开始，至今已经是第十一年了。十多年来，从未间断，累计资助困难学生99人，服务120多户单亲困难家庭。近年共计支出帮扶资金近300万元。2017年8月，公司仅为"心衣公益基金"捐赠物资一项就达180万元。

另外，何俊文在公司建立了员工互助基金制度，形成了关爱患病员工及亲属的长效机制，为患病和特困员工及家属提供了数十万元的帮助。公司曾获广东省抗震救灾社会捐赠先进单位、援助单亲特困母亲家庭活动爱心大使、慈善爱心单位、劳资和谐先进企业、南海慈善奖等荣誉称号。新怡集团也多次被国家、省、市评为守合同、重信用企业。

新怡集团力所能及地服务社会、回馈社会的初心始终没有改变，作为佛山市南海区政协委员，何俊文带领新怡集团，用实际行动来诠释着社会主义核心价值观。

张蕴蓝

张蕴蓝

最好的青春遇见最好的时代

2021年是中国共产党百年华诞。中国站在"两个一百年"的历史交汇点，全面建设社会主义现代化国家新征程即将开启。回望百年路，在中国共产党的领导下，中国从"富起来"走向"强起来"的新时代，智能制造以及产业互联网也迎来了最好的时代。而此时，若能在自己最好的青春里遇见这个最好的时代，岂不是一种幸运？青岛酷特智能股份有限公司董事长张蕴蓝便是这样幸运的人。

熟能生巧

在进入中国服装行业，进入酷特智能之前，张蕴蓝一直过着一种无忧无虑的生活。结束在加拿大的求学后，她来到上海，找到一份朝九晚五的舒适工作，每天规范的作息，让她能有更多时间发展自己的爱好。直到2005年的一天，父亲张代理的突然造访"打破"了这份宁静，父亲那句淡淡的"爸爸希望你回来工作"让她印象深刻，她不仅品出父亲话中的疲惫，也感知到父亲话外的期待。中国传统服装制造业生存环境的每况愈下让很多和张代理一样的一代创业人举步维艰、身心俱疲。出于家族使命感，张蕴蓝没有经过任何考虑，收拾行李，随父回家。

进入酷特智能后，张蕴蓝并没有直接进入管理层，而是在父亲的安排下，从最基层岗位做起，那是一份报关报检工作，细节的烦琐需要态度端正以及思维缜密。不仅如此，父亲张代理还要求张蕴蓝以一名普通员工的定位要求自己，每天早上七点二十准时上班，不许迟到。每天晚上不要求最后下班，但不能第一个下班。

张蕴蓝说，那段日子很苦，作为新人，只能利用下班时间为自己充电。但现在看，那段日子又很甜，正是得益于那时的积累，自己才会有今天的自信。

推陈出新

进入酷特智能第5年，张蕴蓝迎来职业生涯的一个重要转变：父亲希望她进入高层，担任总裁一职。这个意愿是父亲对她过去5年努力的认可，面对邀请，张蕴蓝如同最初从上海回到青岛一样，虽知压力巨大，但内心的责任还是让她勇敢前行。

担任总裁很长一段时间里，张蕴蓝面临两方面困境，首先是来自行业传统生产模式的桎梏。多年来，库存一直是服装人的痛点，它构成企业很大的利润损耗，所以如何消灭库存，早已成为传统服装行业的核心难题。其次是来自内部部分人员传统思想的桎梏。

"我非常感谢父亲这些年给我的帮助，担任总裁后，父亲允许我试错，用行动来支持我。我清晰地记得当我在会上宣布，业务方向从大批量成衣变成大规模定制时，遇到来自元老的反对，我坚定脚步积极应对，因为我知道我选择的路是正确的，努力坚持做下去，定有收获的那一天。"张蕴蓝说。

随后的几年，企业销售业绩大幅增长，开拓创新给了张蕴蓝底气，她创造性地提出并实践C2M商业模式，实现以工业化手段、效率及成本制造个性化产品；对研发的投入逐年增长；铺设企业海外业务占据主导的格局。

如今，传统服装生产车间使用的布条卡片、传统裁床统统消失，取而代之的是信息卡片、智能裁床、吊轨……这里没有厂长、车间主任、班组长等传统工厂的管理层，而是由一线员工自主管理，并引入数字化管理方式，每名员工的工作情况均可通过数据系统实时呈现，变层级化管理为扁平化治理。实践证明，企业治理方式的根本改变直接带来了年轻员工幸福指数的跃升，最终体现为生产效率的提升。

酷特智能不仅实现了"零库存、高利润、低成本、高周转"的运营能力的变革，还将产业互联网的能力赋能到自行车、摩托车、化妆品、家具家装等30多个行业，已经由一家传统服装企业进化成为C2M产业互联网生态企业。

无畏挑战

2020年初，新冠肺炎疫情暴发，不论是作为一名普通的民营企业经营者，还是作为中华民族的一分子，张蕴蓝每天都会关注疫情的最新动态，会因不好的情况出现而担忧国人的生命健康安全，也会因同胞的付出和国家的努力而感动落泪。这次疫情，不仅考验了一个国家的紧急应对能力，也同样验证了酷特智能的产业互联网能力。

起初，酷特智能的业务出现很大问题，但张蕴蓝始终相信企业可以渡过难关，也相信自身在智能制造方面的积累和沉淀，能够在持续维护海外市场的同时，加大国内市场的拓展。一个让张蕴蓝感到骄傲的决定是，酷特智能快速从服装切入医疗器械板块，在极短的时间内完成口罩机、熔喷布机等生产设备以及原材料的资源整合，充分验证了酷特智能产业互联网横向跨界的能力。

疫情加速了全行业的数字化变革，也让酷特智能更加敬畏市场、敬畏新技术和新趋势带来的影响。张蕴蓝说："我们看到5G、生物技术、物联网、无人驾驶、

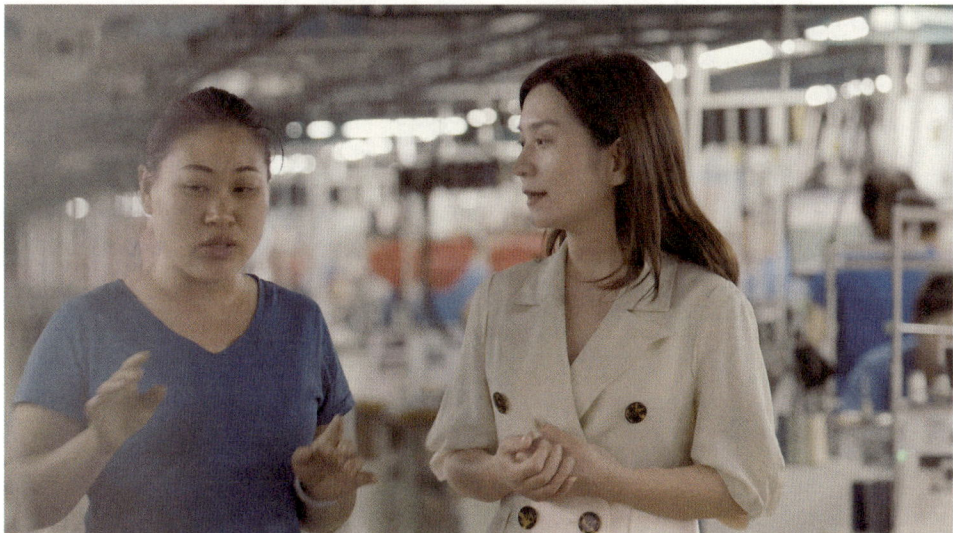

张蕴蓝在工厂与员工交流工作

人工智能、智能制造等领域，比以往任何时候都更闪耀着现实的光芒。毫无疑问，我们的确站在了一个新时代的开端，就商业来说，这是残酷的又是充满希望的。我们要做的就是坚定信心，同时做好储备，等待时机，以便赢得最后的胜利。"

传承不息

回望多年来的创新之路，张蕴蓝感慨："创新对于我们来说非常重要，它直接决定了企业的生与死。只有对生产模式、商业模式不断进行与时俱进的创新，才能在激烈的红海竞争中立于不败之地。"

她本人更愿用"拼二代"取代"创二代"的标签，从单纯将工作视为责任，到如今热爱并享受工作，张蕴蓝感恩伴随时代浪潮的每一步成长与历练。

2020年底，张代理带领酷特智能上市半年后正式退休，把董事长一职让位于张蕴蓝。与之前做执行者不同，上任这段时间，张蕴蓝要独当一面，做战略、做决断，这位年轻的掌门人坦言："强烈的危机感无时不在"。

她是一位运筹帷幄的企业家，也是一个温暖慈爱的母亲。她不仅关心企业的发展，也关心儿童的健康成长。2021年5月10日，经过精心筹备，张蕴蓝和她的团队宣布，旗下全新童装品牌——"魔幻工厂"正式亮相，以爱之名正式进军中国童装领域，用心打造属于中国孩子的童装品牌。此外，酷特智能还拓展了卫衣休闲服业务，通过建立卫衣等休闲服智能生产线，进军卫衣市场。这些都是酷特智能C2M的新布局。

如今，国际经济环境的严峻给我们敲醒警钟：必须坚守初心，不断创新，过程看似辛苦，但结果踏实。正热情拥抱工业互联网的青岛，率先提出打造"世界工业互联网之都"。踏着时代创新的节拍，张蕴蓝笑言自己的野心是："希望用五年时间打造全球领先的产业互联网标杆，未来酷特智能将不再是单纯的服装企业，而是一个以服装智能制造为试验载体的C2M产业互联网科技企业，形成横跨各界，拥有多个品牌、多个智造集合的C2M产业互联网生态体系"。

酷特智能（300840.SZ）成功登陆A股创业板上市发行，不仅意味着其打造的C2M定制商业生态模式在资本领域获得公开认可，而且其布局未来主打的产业互联网生态将为众多产业提供强势赋能，带动大众创业、万众创新和转型升级。

酷特智能在拥抱未来的进程中，将会继续以产业报国为家国情怀，以敢为天下先为责任与担当，不忘初心，砥砺前行！

酷特智能（300840.SZ）成功登陆A股创业板上市发行

薛嘉琛

薛嘉琛

不忘初心　面向未来

　　每个企业的存在一定是为了什么。是根植内心的柔软使命，是孜孜不懈的匠心坚守，是源于自然的真诚热爱，是拥抱用户的创新求索……

　　在上海总部的罗莱大厦里，笔者见到了罗莱的掌门人薛嘉琛。务实，自律，审慎，是这位年轻企业家的标签和风格。2018年，他作为罗莱新征程的领跑者，从父辈手中接过旗帜，出任罗莱生活科技股份有限公司总裁。他带领管理团队主持日常运营，引领客户及全体员工，一路稳扎稳打落实品牌"规划"。面对未来，他说要保持谦卑的心态，虚心学习。在他看来，世界在变，市场在变，但消费者对健康、舒适、美的需求和渴望不变，后疫情时代，中国的机会才刚开始……

以客户为中心　客户驱动的企业未来

　　在罗莱的核心价值观里，第一条就是"以客户为中心"。

　　"我们的用户，有多大可能把我们推荐给朋友？""我们这么做，能为消费者带来什么？"在每周的经营分析会上，薛嘉琛常把这些问题挂在嘴边。"你知道客户开心或是恼怒的根本原因是什么吗？这是一个至关重要的问题。如果你的回答是'不知道',你就不能为客户提供更多他们想要的东西,甚至可能会给客户提供错误的解决方案。"在他看来,这个最关键的问题决定着企业的未来。产品好不好,研发设计人员说了不算,商品销售人员说了也不算。只有消费者认可,才是真的好!

"我们可以通过客户看到未来,顺便检视自己。"基于这种信念,在薛嘉琛接棒的几年时间内,深入一线,走访客户是他工作的重要组成部分。罗莱曾经的成功之道"快速复制、迭代创新",依然是罗莱持续成长的动力。为进一步了解客户的需求,他把业务讨论会的地点搬到了加盟商公司,邀请加盟商一起与会,现场办公,服务客户。如此"以客户为中心"的快速反应机制,让一些老加盟商更有"重新回到罗莱创业初期"的欣喜,他们更愿意叫他"创二代"。

在他的带领下,罗莱以消费者为导向的零售体系建设、人才梯队建设、团队培养、加盟商赋能、运营完善等各个维度的工作均已取得进展。与此同时,罗莱还在依据新的零售体系打造直营标杆门店。创一代们锐意变革、勇于创新的精神,在薛嘉琛接棒的几年时间内,得到了更好的传承和顺延。

作为家族内唯一一位陪伴罗莱成长的二代,从叠石桥、南通到上海,薛嘉琛始终如影随形,罗莱搬到哪里,他便被父亲安置到哪里读书。创业的艰辛,是他长大后回味过去时才逐步体会到的。甚至对父亲与叔叔之间,这种你中有我、我中有你的配合与深情,他也是在长大后才读懂的。毕业后,薛嘉琛加入罗莱,在销售、外贸、物流、市场、国际业务等各条业务线上体验、奋斗。在罗莱工作了十余年,在各条战线的一线打拼过,他的青春和未来,早已与罗莱紧紧链接在一起。

持续对标创新　一场志向百年的马拉松征程

罗莱的愿景令人印象深刻——成为全球家居行业领先者,做受人尊敬的百年企业。一个百年企业承载了很多代人的付出。

如何让罗莱持续保持新鲜和活力,是薛嘉琛一直在努力和思考的。他认为从某种意义上说,做企业就像是参加一场充满障碍的马拉松,跑得快的企业未必能跑得久。做企业管理者,不仅要善于低头拉车,更要学会抬头看路;要思考如何精进企业的核心竞争力,持续为未来下注。

面对市场的瞬息万变以及竞争加剧的行业发展形势,2018年以来,以薛嘉

琛为首的总裁办公会管理团队，带领罗莱积极响应、拥抱变化，在品牌、商品、渠道、供应链、组织等方面进行了一系列变革，提升了企业的内部效率，进一步实现了科学管理。在行业增速整体放缓的大趋势下，罗莱依然保持收入与利润双增长。

2020年，疫情的冲击和世界经济衰退对我国经济造成前所未有的影响，随着国内新冠肺炎疫情逐渐得到控制，罗莱的经营状况逐步恢复正常。面对突发的困难与挑战，罗莱发挥出家纺行业龙头地位优势，持续聚焦主业，强化品牌建设、加强研发创新及零售转型。罗莱深耕渠道，不断探索创新业务模式，推动数字化、精细化管理，加强成本及费用管控，不断提升管理效益。2020年，罗莱实现营业收入49.11亿元，较去年同比增加1.04%，归属于上市公司股东的净利润5.85亿元，较去年同比增加7.13%，实现了逆境下的快速恢复与增长。

准确预料每一次产业突变和转型是一件非常困难的事，但这并不妨碍企业为这些突如其来的变化做好准备，而最重要的准备就是关注和培育新的业务模式。

渠道数字化、研发数字化、数据可视化……薛嘉琛在罗莱数字化转型方面倾注心血，不仅在"人、货、场"多方面进行数字赋能，与此同时，他克服诸多困难，投资2亿多元打造罗莱智能工厂、建设智能仓储，显著提升了智能制造水平和生产效率，为罗莱转型升级赋能。目前，罗莱又投资1.5亿元，在南通创新区建设"罗莱生活科创中心"，面向全行业提供技术研发、技术咨询与技术服务平台，致力于公共研发创新平台建设，助力中国传统家纺产业提档升级与创新发展。

2021年罗莱将开启更大规模的数字化建设，"数据中台"项目已于上半年启动，会员平台、采购、质保等供应链领域的数字化都将相继落地。同时，罗莱也在关注加盟商和终端的数字化能力。2021年，罗莱将持续对DRP系统、星云新零售平台、联盟平台、金蛋平台、移动POS等进行优化升级，实现加盟商伙伴全面的数字化运营。为未来10年罗莱集团和加盟客户的高速增长奠定坚实的基础。

为民服务　回馈社会　初心永远不能忘

刚刚从戈壁徒步回来的薛嘉琛分享说，"行走的过程非常艰难，高温、风沙、

罗莱家纺连续16年床上用品市场综合占有率第一

缺水是我们时时刻刻面临的难题，在那种环境下，我一直在思考，我们的企业，我们的使命，如何去服务好更多的人，为更多人送去健康、舒适和美好。"

　　长期以来，秉持这份回馈社会的初心和大爱，罗莱响应国家倡导，积极履行企业社会职责，投身赈灾济困、助学、助医、助贫、助老、助残、助孤事业，慈善文化已构成罗莱企业文化的重要组成部分。公司先后成立"罗莱温暖基金"，捐建"罗莱小学"，每年向爱佑基金捐助600万元帮助救治白血病儿童，出资1200万元在家乡捐建养老院。近10年来，罗莱已累计向社会各界捐款超亿元，连续10余年荣获中国扶贫基金会爱心企业。

　　薛嘉琛常与团队分享，一家有大爱、不功利的企业，不管未来走到哪里，发展到何种程度，都是一种正途。

2020年新冠疫情暴发以来，薛嘉琛明确作为疫情防治工作的第一责任人，第一时间成立了疫情专项应对小组，积极响应国家政策，形成各项内部防护措施；对外高效行动，承担社会责任，通过湖北慈善总会、上海慈善总会捐赠现金及产品；积极调整生产线，投产民用口罩、医用防护鼻罩等物资，驰援武汉，与全国人民共克时艰。同时，罗莱积极响应国家政策，复工复产，发挥引领作用，通过自主研发小程序、在线直播等形式推动线上销售。薛嘉琛亲临天猫、淘宝等平台带货，为经济复苏贡献力量。

无论以往还是当下，薛嘉琛始终认为，在贴合消费者真正需求的前提下，产品品质与功效是品牌发展壮大的关键。坚守"以质量求生存，以质量创新谋发展"的管理理念，罗莱一直致力于建立健全质量标准体系，积极承担行业标准修订，支持并参与国家/团体标准化技术委员会建设。2020年，罗莱荣获江苏省省长质量奖。同年，正式承担全国家用纺织品标准化技术委员会床上用品分技术委员会秘书处工作，推动引领行业质量提升。此外，罗莱和国家棉花产业联盟签署了独家战略合作协议，共同开发更柔软的新疆棉花品种"中棉罗莱1号"。2021年，与中国航天签约，成为行业唯——家中国航天事业合作伙伴，打造"罗莱被芯，航天品质"。在薛嘉琛的带领下，罗莱的质量及品牌体系都更加羽翼丰满。

"坚持做正确的事情"是薛嘉琛的座右铭，也是罗莱的管理指南。"与消费者心连心，与祖国同呼吸共命运"是罗莱的匠心坚守。可以预见，在总裁薛嘉琛的带领下，这家家纺龙头企业必将更加充满活力，更具魅力，将带给消费者和行业更多惊喜。

HONGMIAN INTERNATIONAL FASHION CITY